国家大学科技园：创新模式与融合互动

李　荣　著

中国财经出版传媒集团

经济科学出版社

Economic Science Press

图书在版编目（CIP）数据

国家大学科技园：创新模式与融合互动/李荣著
. －－北京：经济科学出版社，2022.9
ISBN 978 - 7 - 5218 - 4023 - 0

Ⅰ.①国… Ⅱ.①李… Ⅲ.①高等学校 - 高技术园区
- 研究 - 中国 Ⅳ.①F279.244.2

中国版本图书馆 CIP 数据核字（2022）第 168020 号

责任编辑：刘 莎
责任校对：隗立娜
责任印制：邱 天

国家大学科技园：创新模式与融合互动

李 荣 著

经济科学出版社出版、发行 新华书店经销
社址：北京市海淀区阜成路甲 28 号 邮编：100142
总编部电话：010 - 88191217 发行部电话：010 - 88191522
网址：www.esp.com.cn
电子邮箱：esp@ esp.com.cn
天猫网店：经济科学出版社旗舰店
网址：http://jjkxcbs.tmall.com
北京时捷印刷有限公司印装
710×1000 16 开 14.5 印张 230000 字
2022 年 9 月第 1 版 2022 年 9 月第 1 次印刷
ISBN 978 - 7 - 5218 - 4023 - 0 定价：65.00 元
（图书出现印装问题，本社负责调换。电话：010 - 88191510）
（版权所有 侵权必究 打击盗版 举报热线：010 - 88191661
QQ：2242791300 营销中心电话：010 - 88191537
电子邮箱：dbts@ esp.com.cn）

本书出版得到以下资助

教育部人文社会科学研究青年基金项目：

国家大学科技园创新脆弱性形成机理、效能测度及优化调控

（项目号：17YJC630064）

湖北省普通高校人文社会科学重点研究基地：

武汉城市圈制造业发展研究中心

前　言
PREFACE

　　首个大学科技园区是以斯坦福大学为中心建立的斯坦福科技园，是硅谷早期雏形，与硅谷相邻共生，形成大学科技园与高新区共生机理。中关村是我国第一个国家级高新区和第一个国家自主创新示范区，聚集了90余所高等院校、400余家科研院所。作为首批认定的国家大学科技园，北京大学国家大学科技园、清华大学国家大学科技园与中关村国家自主创新示范区一脉相承。

　　国家大学科技园2002～2010年（2007年未认定）每年认定一批次，共认定8批次。2012年、2014年、2021年分别认定第9批、第10批、第11批，11批次总量达到140家。2015年科技部启动国家级众创空间备案与认定工作，前两批498家；2016年9月第3批839家；2017年12月确定2017年度为639家；2020年4月确定2020年度为498家；2022年6月确定2021年度为350家；近万家省域众创空间也成为国家备案众创空间遴选的蓄水池。国家大学科技园20年发展历程和孵化优势，推动了国家备案众创空间快速成长。部分国家备案众创空间在高校或国家大学科技园快速落地生根，形成"一科技园多空间"的一园多点布局，动态拓展了国家大学科技园孵化渠道，提升了在孵企业活力，孵化互动相互促进。

　　140家国家大学科技园是152家创新型产业集群、169家国家高新区和21家国家自主创新示范区创新前端的重要支撑，在孵企业产业领域应属于国家重点支持的高新技术领域。国家备案众创空间是国家大学科技园孵化能力持续提升的主要基础。围绕众创空间＋孵化器＋加速器＋产业园的创业孵化链条，建立众创空间、大学科技园及依托高校的良性互动机制和正向循环链路，构建起校地资源互动的产业创新平台和成果转化基地，培育出创新创业生态和新兴产业生态。通过充分发挥依托高校虹吸效应和国家大学科技园区域溢出效应，国家大学科技园整合创新孵化载体，引导众创空间创业团队孵化需求，从而构建起创业团队、初创企业、在孵企业的梯次多层接续孵化链和良性创新创业生态圈。

国家大学科技园作为国家级创新基地，通过创新主体、功能结构、转换模型、创新能力、竞争优势的分类，探讨基于生命周期的科技园区创新模式；通过基于三阶段DEA的国家大学科技园孵化效率测度，全面提高大学科技园服务效率；结合众创空间服务效率多阶段测度，提高大学科技园与众创空间孵化互动效应；对比国家高新区集散效应转换过程与溢出效应强弱，分析国家大学科技园区域融合度及路径选择；通过国家大学科技园多层次融合互动，进一步集成科教优势资源，持续提升整体创新能力，服务区域经济高质量发展。

本书得到教育部人文社会科学研究青年基金项目"国家大学科技园创新脆弱性形成机理、效能测度及优化调控"（17YJC630064）的资助，为项目阶段性研究成果。感谢导师胡树华教授团队的指导与帮助；感谢湖北省产品创新管理研究中心、武汉城市圈制造业发展研究中心，为项目研究提供良好的环境条件；感谢刘莎编辑的辛勤付出。

目 录
CONTENTS

第1章

科技园区创新主体功能结构

1.1 ▶ 创新主体功能定位及典型模式

从硅谷诞生至今，高新区有力地推动了高技术研究成果转化、产业化和国际化，有效地推动了世界技术的革命进程，硅谷的成功使其成为世界科技园区效仿的对象（康江峰，2006）。日本筑波科学城和高技术城市在吸收欧美各国技术后，奇迹般地实现了经济成倍增长，为日本工业赶超世界水平争取了时间、节省了资源，并摸索出一条发展自主技术的道路（代帆，2001）。韩国光州技术城为实现地区间的平衡发展，改善边缘地区的产业结构，把发展高技术产业和地区发展结合起来，实现了全国的平衡发展。我国高新区经过20年的发展，已经成为我国自主创新的战略高地，成为我国战略性新兴产业的核心载体，以及我国创新驱动和科学发展的先行区（郭丕斌等，2011）。国家自主创新示范区也正努力成为我国高技术产业发展极、科技产业融资中心、知识型人才栖息地、产学研一体化的空间载体、制度创新示范区和创业创新的重要基地（辜胜阻、王敏，2011）。

从世界高科技园区发展趋势可以看出，高新技术产业与经济形态正面临着新一轮的转换与挑战，这就要求高科技园区从更高层级的市场导向出发适应新的竞争需求。而我国高新区大多属于政府规划、引导，产学研合作的创新模式，除园区区位优势、资源禀赋、基础设施等客观优势外，创新活动中主体间的关系、主体功能的定位以及主体间功能的转换相对较为模糊（张克俊，2011）。国家高新区内创新主体之间有序而有机的结合，才能使区内竞争优势得以体现；同时发挥高新区的集群扩散效应，顺利完成科技创新成果的不断扩散，与周边地区形成功能互补和联动发展，从而真正实现高新区在经济效益、发展方式的转变以及自主创新上的功能带头作用。

1.1.1　创新主体功能异化与偏离

我国高新区发展模式更多是一种区域政策推动，而非国家产业政策结果（蒋长流，2008）。国家高新区数量在逐年增多，大部分已形成相当规模，有的已经成为高技术产业发展的重要基地，然而国家高新区平均质量水平则不尽如人意。在宏观调控方面，政府制定了一系列的政策和措施，但对国家高新区及高技术产业的发展调控政策较为松散，影响了调控力度；在创新主体协调方面，存在企业创新的核心地位不明确，企业对创新的认识存在偏差、政府的扶持力度不够，产学研合作机制不完善等问题；在服务功能方面的缺位，中西部园区基础设施建设力度不够，中介服务功能尚不健全，政府尚未完全退出中介服务领域问题。政府在现行的政府功能上出现严重的功能异化和方向偏离。

（1）研发经费投入偏低，创新能力偏弱

研发活动是高新区和高科技产业发展的重要推动力，是衡量国家高新区创新能力的重要指标。较高的研发投入才能确保较强的产品竞争力。国家高新区研究经费逐年呈上升趋势，2008年研发经费投入增长率下降较为明显，2011年增长率显著上升，如表1-1所示。研发投入强度出现上升又回落的特点，且与全国2019年研发投入强度基本持平，表现出研发投入产出功能不强，创新能力较弱的问题，国家高新区的创新水平仍处于低技术产业阶段。

表 1 - 1　　　2002～2019 年国家高新区研发投入强度及年度增长率

项目	2002 年	2003 年	2004 年	2005 年	2006 年	2007 年	2008 年	2009 年	2010 年
研发投入（亿元）	314.5	415.9	574.2	806.2	1 054	1 658.2	1 348.8	1 342.7	1 740.7
营业总收入（亿元）	15 299	20 933	27 466	34 416	43 320	65 986	54 925	78 707	97 181
研发投入年增长率（%）	——	32.2	38.1	40.4	30.7	22.9	-18.0	-0.45	29.6
人均研发经费/万元	0.9	1.1	1.3	1.5	1.8	2.3	2.1	1.3	1.3
研发投入强度（%）	2.1	2.0	2.1	2.3	2.4	2.5	2.5	1.7	1.8

项目	2011 年	2012 年	2013 年	2014 年	2015 年	2016 年	2017 年	2018 年	2019 年
研发投入（亿元）	4 074.1	4 465.2	4 858.2	5 285.7	5 761.4	6 256.9	6 788.7	7 487.9	8 259.2
营业总收入（亿元）	133 425	165 690	199 649	226 755	253 663	276 559	307 058	346 214	385 549
研发投入年增长率（%）	134	8.6	9.0	8.8	8.8	9.6	9.9	10.3	10.3
人均研发经费/万元	3.8	3.5	3.3	3.5	3.4	3.5	3.5	3.6	3.7
研发投入强度（%）	3.1	2.7	2.4	2.3	2.3	2.3	2.2	2.2	2.1

资料来源：《中国火炬统计年鉴》2003—2020。

　　2019 年国家高新区营业总收入为 385 549 亿元，技术收入为 47 343 亿元，技术收入占营业总收入的比重为 1.9%，技术收入占销售收入的比重为 2.4%，进一步说明技术性产出水平较低，创新效率和创新转化水平较低。政府在高新技术产业发展中的作用点应该是消除市场机制的失效点和维持市场机制的正常运行，然而在发展过程中，政府更多地偏向于对高新区基础设施的建设，而忽略了对网络创新软环境的建设，导致功能异化。

（2）三资企业比重大，制度灵活性低

2010年三资企业对国家高新园区发展的贡献度超过50%。国家高新区较多注重实施优惠政策，引进国外大企业或国内大企业进驻，而忽略了区内中小企业的成长与创新，发展的动力属于"外溢"技术的"非核心技术"，导致自主创新能力提高困难和缓慢的问题；产权制度改革步履维艰，较难在体制上改变约束状态，形成大学和研究机构科技成果转化率低等问题（陈家祥，2009）。

（3）配套机制不完善，服务功能偏弱

孵化器建设滞后。孵化器在由政府投资建立为主向社会多元化转变过程中，存在中西部的企业孵化器较少，主要集中在东部经济发展迅速的高新区，导致分布不平衡的问题；服务软环境建设不到位，孵化功能不强的问题；政府管理人员缺乏对企业实际情况和文化的深度了解而导致管理功能发挥较弱，以及市场化程度不高的问题；以及政策功能发挥滞后和不够完善，后续资金不足等问题（吴开松等，2007）。

风险投资体系薄弱。高新技术具有高创新性，高投入性，高风险性，需要大量的资金及时注入。充足的资金来源确保了高新技术企业从研发、产业化、商品化顺利完成。国家高新区内中小企业比重约为50%，我国风险投资体系大多具有政府背景，缺乏市场运作机制，资金来源单一等系列问题，抑制了中小企业创新的活力。硅谷吸引的风险资金占全世界风险投资的1/6，占全美的1/3。我国风险投资机构则存在风险资金数额不大，技术和风险资金衔接不畅等问题，制约了高新区企业的催化。

1.1.2　创新主体功能定位

创新主体是指组织、管理和实施创新活动的个人或组织。创新主体的功能主要指创新主体的意识结构的功能，在国家高新区创新活动中表现在3 个层面：一是在区域创新体系中主体潜能的发挥，二是该主体与其他主体之间关系的协调与控制，三是主体对创新知识以及对自身各组成要素的整合。国家高新区创新主体功能应包括功能的实质、功能设计原则、功能模块的时序进程 3 个方面内容。

（1）创新主体功能实质

国家高新区创新体系中创新主体包括政府、企业、高校和科研机构、中介机构，它们是国家高新区存在的前提和基础。创新主体功能的发挥旨在通过政府培育园区内创新机制，激发园区内各创新主体，尤其是高新区内企业的创新动力，建立良好的区域创新环境。创新主体的功能实质是在国家高新区一定制度下，综合利用各种创新资源，通过能动性的发挥实现高新区创新效应的促进作用。国家高新区创新主体（政府、高校和科研机构、中介组织、企业）在文化环境、制度环境、政策环境作用下，通过政府的政策引导，高校和科研机构提供科研成果，中介组织提供技术服务，企业进行技术创新，形成官产学研联盟，开展合作创新，最终实现国家高新区创新体系的系统目标，如图 1-1 所示。

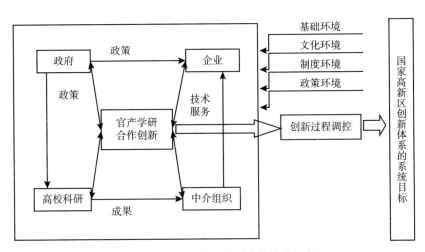

图 1-1　国家高新区创新主体功能运行

5

（2）功能设计原则

创新主体的功能设计应遵守以下 5 个方面原则：①功能模块的独立性。功能模块的设计以国家高新区创新体系的主要构成要素为标准，合理地进行集成和划分，各功能模块应相互独立，各自具有相对完整的创新功能，且各功能之间不相互干扰，重复性小。②功能模块的可操作性。建立国家高新区创新体系的目的在于培育与激发高新区企业创新的活力与创新机制，壮大国家高新区的自主创新能力，优化资源配置，提高高技术产业对其他产业的辐射带动作用。创新主体的功能模块的设计将紧紧围绕国家高新区现阶段存在的问题和未来发展的需要而展开；按照国家高新区不同发展阶段，针对其技术成果商品化和产业化过程中的主要问题，循序渐进地有效推动并加以解决，在提升国家高新区的综合竞争优势和创新机制方面进一步提高。③功能模块的动态性。不同国家高新区的发展水平不一致，随着国家高新区所在城市的经济和社会的进步，其创新系统也在不断的完善。对于创新主体功能模块而言，国家高新区的不同发展阶段完成的主要任务和扮演的角色也不同。创新主体的功能模块需要随着创新环境的变化不断更新，在不同主要创新主体之间进行转换，阶段性、渐进性地推动各时期的发展目标的实施。④功能模块的开放性。开放是技术创新的一个重要源泉。国家高新区自主创新过程本身就是开放的，创新主体的各功能模块相互之间也是开放的，不同发展阶段其自主创新的主体不是独立的，而是共同交互作用，主体的功能模块之间也相互影响。⑤功能模块的可持续性。国家高新区每个创新主体的功能模块的设计与运行，不仅需要考虑到功能的实施过程，更需要考虑到功能模块对国家高新区经济发展的可持续性要求。国家高新区创新主体功能的发挥以及创新主体功能模式之间的转换都是以其长期可持续发展为目标的，模块之间的衔接性更好地保证了功能模块的可持续性。

（3）功能模块的时序进程

国家高新区从创新体系的建立到成熟是一个发展的过程，创新主体功能的发挥也是一个不断更新的过程，有渐进式，也有跳跃式。国家高新区的不同发展阶段，其特点、需求、模式等都不相同，创新主体的功能也会有所不同。总体来看，创新主体功能模块发展的时序进程可以分为创立、成长和成熟 3 个阶段。

①创立阶段。该阶段的创新功能模块正处于构建时期或雏形期，其构成要素并不完整，主要由政府构成，功能模块的建立要靠政府推动，企业和科研院所虽然进入创新领域中，但其创新功能的发挥是分散的、无序的，产学研的合作是初级的、随机的；市场的作用并不突出；中介机构并未完全独立起来。由于创新主体之间的脆弱关系，导致创新功能模块的特点并不明显。②成长阶段。这一阶段，创新主体之间关系开始发生转变，由政府单独推动技术创新逐步转变为由市场作用为主导的多主体共同参与创新。高校、科研院所和中介机构之间在市场的作用下联系更加紧密，创新主体的功能也随着相互作用得到加强；中介机构得到了较大的发展。企业与创新系统的实力得到了增强，主要表现在：新产品不断涌现、产业结构得到改善、高新区创新水平得到整体的提高，创新主体的多元性。这一时期，主要由政府和市场共同推进技术创新。③成熟阶段。这一阶段，创新主体之间关系逐渐转变成一种网络化的关系，而不再是单一的创新主体，或者多个参与而独立的主体。创新主体的功能模块也逐渐由单一模块转变成多个功能模块共同作用。政府作为创新主体的作用逐渐弱化，企业成为真正的创新主体，中介机构发展较为完善，国家高新区之间成为相对独立而联系的整体。国家高新区创新主体是国家高新区创新体系的一个构成部分，属于区域创新系统的范畴。创新主体功能模块的设计强调与国家高新区创新体系的目标相结合，强调以国家高新区的战略目标为导向。

1.1.3　典型科技园区创新模式转换

（1）从科研院所主导向产学研合作的网络创新模式转换

美国 128 号公路高技术区与硅谷几乎同时起步，均以科研院所为技术创新主体、政府为投资主体，以半导体芯片、固态器件、计算机等 IT 产品为核心形成的高科技园区。硅谷并未仿效波士顿附近的 128 号公路地区的发展模式，而是首先建立了规模小、体制灵活及企业竞争、合作流畅的环境，以中小企业发展为主，企业与以斯坦福大学为主体的高等校府、科研院所间建立了各种联系渠道。学校不断向硅谷输送人才，并提供培训课程；硅谷企业也为在校学生提供实习机会，双方形成互动关系（萨珀斯坦、罗斯，2003）。斯坦福大学的产学研结合创新模式成为硅谷发展的原动力。其次，地方政府通过组建专门机构直接参与产学研合作，并给予大力支持；政府组建国家科学基金会，对中小企业的研发与项目给予大力支持；成立联邦中小企业管理局，提供风险基金与担保等服务；出台政策法规，促进中小企业、高校、科研机构及政府资助的研发中心等非营利性科研机构建立合作伙伴关系；政府对硅谷的公共投资和配套建设也给予了很大帮助。斯坦福大学每年收入中约 40% 来源于受政府委托的项目。硅谷从 20 世纪 70 年代起，超越了 128 号公路地区，完成创新主体从科研院所向企业的转换，快速适应了市场从军需向民需的转变。而 128 号公路区域创新主体未能及时完成角色、功能的转换，企业主导功能未能充分发挥，导致这一区域出现衰退，落后于硅谷地区，丧失其美国创新引擎的地位。

在硅谷的创新网络中，高校和科研院所作为知识和技术的重要供给者，直接参与了知识的生产、传播和应用，创新网络为高校和科研院所提出了技术需求，并提供了科研经费来源。各创新主体在园区内都发挥着重要的作用。中介组织在硅谷的区域产业体系中扮演着关键的整合角色，各种中介服务机构为硅谷企业创新提供信息咨询、创新管理、融资、法律援助、人才培养等综合服务，并在中小企业成长过程中起到孵化器作用，促进了各种创新要素的整合。研发体系由以斯坦福大学为代表的大学研究机构和企业研究机构组成，形成了多个企业、高校和科研机构、政府共同参与的网络合作模式，是产学研密切结合的典范。硅谷在风险投资、硅谷文化上也是值得高科技园区借鉴和学习的。美国占世界风险投资的一半以上，而硅谷吸收了其 35% 的风险资本，良好的投资环境和健全的法律环境确保了风险投资的快速发展。

（2）从政府主导向点对链合作的模仿创新模式转换

点对链合作的模仿创新模式是一个企业与若干个学术机构或一个学术机构与若干个处于同一产业链或供应链上的企业对其他科技园区进行模仿创新的模式。日本政府在筑波科学城开发建设中参与、介入比较多，属于政府作用发挥十分明显的典型。日本筑波科学城是由首相办公室下设的科学城推进部来统一规划、建设、管理和经营的，政府作用十分明显。日本40%的科研人员、50%的科研经费集中在"筑波"（孙福全、王伟光、陈宝明，2008）。在相对宽松的国际技术交流与转移的背景下进行生产技术的模仿创新，为筑波科技园奠定了良好的基础。第二次世界大战结束时，基础理论研究较为薄弱的日本，为了追赶欧美，选择从模仿创新转向自主创新的技术创新战略，开始第二次创新。但相比而言，日本筑波科学城模式则相对侧重于科学研究，与产业界联系不是很紧密。20 世纪 70 年代后期到 80 年代前期，这一现象尤为突出。为改变这一局面，日本政府一方面加大政府投入，另一方面促使企业与大学、政府之间的合作，同时注重基础研究的科技成果转化。由此，筑波科学城发生了从政府主导向点对链的模仿创新模式转换。

（3）从企业主导到点对点合作的独特管理模式转换

剑桥科技园的高技术企业都是经过从无到有、从小到大的历程逐步发展起来的。政府通过优惠的税收、法律等政策吸引企业入园，并给予外资公司与英资公司同等的投资优惠，使外资公司获取同等的项目资金援助，且其税率属欧盟国家中最低水平。同时，政府赞助成立高技术研发中心，并为剑桥大学提供了必要的研发资金。剑桥科技园的高技术企业中小企业占多数，7%的企业不到 5 人，40%的企业不到 30 人。计算机软件和硬件在高技术产业中占主导地位，达 32%，其他高技术活动主要分布在电子、生物、仪器等研发与培训部门。剑桥大学是剑桥科技园区得到迅速发展的重要因素，剑桥科技园中 90%的企业研究的项目都与剑桥大学有关系。剑桥大学的物理学、计算机技术以及生物科学等方面的优势，在区内的高新技术企业的产业结构中起着关键性作用，许多高技术小公司都是从剑桥大学院系衍生出来的。剑桥科技园采取了市场化的运作模式，建立完善的风险投资体系；剑桥大学的圣三一学院领导由两名专职管理人员担任，从而削弱了系部层次的职能，强调个人独特个性的发挥，更有利于小企业的创办，增大了对中小型投资者的吸引力。

点对点合作的创新模式指企业与大学或科研院所之间进行的一对一合作的创新。剑桥大学与科技园之间建立了良好的互动关系，形成了以大学、新兴公司和大型公司密切协作的产业网络，并不断吸引着来自全世界的投资，两者的发展紧密结合在一起，相辅相成，并采取了市场化运作的独特管理模式，形成了点对点合作的管理模式。规模小而分布广的产业特点并不利于剑桥科技园围绕某种核心技术形成产业群，尽管政府试图出资扶持，但并未改变这一局面。

在科技园区初创阶段，硅谷属于科研院所主导、政府推动的创新协同模式的典范，日本筑波科学城则是政府主导模式的代表。筑波是日本第一个完全由中央政府规划、资助，以基础科研为主的国家级研究中心。与硅谷一样拥有雄厚资金的支持，集纳了最优秀的科技人才，代表着本国的顶尖科技水平。然而经过几十年的发展，筑波的发展成效与硅谷有天壤之别，GDP 仅为硅谷的 0.25%，高新技术产出更是差距巨大。现象产生的原因众多，包括其区域创建定位、文化机制、管理模式等。但最为重要的原因之一就在于在科研院所、企业、政府等多个创新主体之间，功能定位不准确，协同不顺畅。政府一直居于创新主导地位，科研院所与企业脱节导致成果转化困难，企业创新主体角色不明确，过度依赖政府投资脱离市场。而同样是政府以大学为基础，规划主导建设的台湾新竹较好地注重创新主体间的有效衔接、协同和角色功能的定位问题，而获得成效。

创新主体在国家高新区发展历程中扮演着不同的角色，发挥着不同的功能，并随着发展阶段的变化，进行主体间和主体内部不同功能的转换。研究国家高新区的创新主体功能转换机理，不仅可以使主体更好地了解自身的功能定位，也便于发现主体功能在区域创新体系下运行管理过程中所存在的根本性问题，为主体进行决策和创新过程中改进的方向提供了依据。国家高新区的规模扩张，对国家高新区自主创新能力提出了更高的要求，应充分发挥政府、企业、高校和科研机构以及中介机构等各方面的积极作用，运用市场机制，发挥优势，突出重点，以市场需求为导向，促进企业成为技术创新的主体，提升高新区核心竞争力，增强高新区整体自主创新能力，解决主体功能间绩效水平不均衡的问题。

在分析现阶段国家高新区主体功能的异化与偏离的基础上，阐述国家高新区创新主体功能模块的独立性、动态性、开放性设计原则，以及在创立、成长、成熟时序进程的演化运行过程。通过借鉴世界典型科技园区发展模式，提出从科研院所主导向产学研合作的网络创新，从政府主导向点对链合作的模仿创新，从企业主导到点对点合作管理的功能创新转换模式。与国外高新区发展的经验及高新区发展要求相比，我国目前高新区的政策环境仍然有较多的提升空间。美国硅谷、印度班加罗尔等地高技术产业集群的成功对国家高新区的发展具有较强的借鉴意义，以这些典型科技园区为标杆，努力营造有利于高技术产业集群发展的环境，通过不同的路径转变提升主体的功能发挥，均衡主体间的关系，大力扶持高技术产业的发展。

1.2　创新主体功能维度及绩效评价

1.2.1　创新主体功能要素

我国高新区发展模式更多的是一种区域政策推动，而非国家产业政策结果。张克俊（2011）认为政府功能定位应是创新发展的指导者、创新政策的制定者、创新资源的配置者、创新平台的建设者、创新投资的引导者、创新活动的服务者、创新过程的参与者。辜胜阻等（2011）指出国家自主创新示范区也正努力成为我国高技术产业发展极、科技产业融资中心、知识型人才栖息地、产学研一体化的空间载体、制度创新示范区和创业创新的重要基地。

国家高新区创新系统的运行绩效主要取决于创新主体要素形成的网络在相互作用下对创新系统功能的实现能力，创新主体的网络关系及主体的功能结构确定了功能绩效的分析框架。因此，研究比较国家高新区创新主体的功能差异，将为今后制定相关政策提供有力依据，具有重要的理论价值和现实意义。国外学者专门针对我国高新区的研究相对较少，主要侧重于高新区对区域经济发展的影响（韩伯棠、李强、朱美光等，2005）。其中专门针对我国高新区创新主体功能的研究几乎没有。国内目前关于我国高新区功能发展的研究，基本上是通过利用一般性评价方法，在评价出众多高新区结果的基础上，再定性或定量地分析我国高新区绩效状况。在静态评价方法方面，王松等（2012）运用极化指数测算出国家高新区整体极化趋势呈现"M"型特征。刘荣增（2002）通过因子分析法评价，发现长江三角洲和环渤海地区高新区发展要比部分东南沿海和中西部高新区好，呈现差距扩大趋势。胡树华等（2011）指出国家高新区已进入六层分化的非均衡异动阶段，呈现出三力同步非均衡异化特征。黄春玲等（2005）通过因子分析法建立高新区产出效率的评估体系，认为我国高新区存在严重的不均衡现象，产出效率高的高新区仅占高新区总数的 7.5%，较高的占 13.2%，一般的和较低的占 79.3%。韩伯棠（2007）采用模糊综合评价方法构建了高新区竞争力评价体系，并将 53 个国家级高新区不均衡发展态势划分为优秀、较好、良好、一般和较差 5 个等级。

动态方法主要包括 DEA 等非参数方法，如许陈生（2007）使用 DEA 方法分析了中国 53 个国家级高新区 2003 年相对效率指数的变化情况，发现技术效率、规模效率和纯技术效率等各项指数值都比较低。权进民等（2008）根据 DEA 有效性和可持续发展的对应关系分析出了高新区可持续发展能力的不均衡现象。陈家祥（2009）提出了创新型国家高新区评价指标体系，定义并计算出功能偏离系数。姜彩楼等（2012）采用基于 DEA 的 Malmquist 指数及 VAR 模型研究了我国 52 个国家级高新区 1996 ~ 2009 年的绩效演进情况。综上所述，国外针对我国高新区主体功能的研究很少，国内目前学者也大多借用一般评价方法整体评价高新区功能绩效。国家高新区创新系统的运行绩效主要取决于创新主体要素形成的网络在相互作用下对创新系统功能的实现能力，创新主体的网络关系及主体的功能结构确定了功能绩效的分析框架。

1.2.2　创新主体功能维度

国家高新区创新体系中主体系统功能的绩效评价由创新投入能力、创新的配置能力、创新的支撑能力、创新的管理能力以及创新的产出能力等能力子系统综合集成的，且各子系统都有相应的指标进行衡量。结合绩效评价指标设计原则，从管理、研发、生产、服务 4 个维度建立国家高新区创新主体功能绩效评价指标体系。4 个维度一共遴选了 50 个评价指标组成了第一轮评价指标 X_i，包含评价模块层、评价领域层、评价指标层所组成的递阶层次结果理论模型。

（1）国家高新区政府的管理能力

国家高新区创新系统是一个由多主体、多要素和资源组成的开放复杂系统。区域内主体的创新活动包括多个环节，诸如研发决策、研发资金的筹集、研究开发、成果转化和产业化等。国家高新区的管理是在提供区域创新环境的同时，确保各种资源要素在区域内有效流动和合理配置以及自主创新活动的各环节协同的重要功能。政府创造出适合高技术企业发展的创新园区，包括提供基础设施环境、创新中介服务环境、金融环境、文化环境和市场环境等保障服务。同时，政府承担通过法律、行政和经济等手段为国家高新区创新提供公平竞争的创新环境，发挥着宏观管理和调控的功能。对政府管理功能的绩效评价，有效地衡量了政府在管理能力上的强弱，是绩效评价的重要方面。结合政府的具体功能，建立了法规政策调节、投资引导、人才引进、技术引进、基础设施建设和创新文化环境 6 个指标群来测度国家高新区政府的管理能力，4 个指标群共有 13 个评价指标（$X_1 \sim X_{13}$）组成，如表 1 – 2 所示。

表 1 – 2　　　　　　国家高新区政府管理能力评价模块

创新功能	评价领域	评价指标	变量标示
引导管理	法规政策	税收政策支持力度	X_1
		财政政策支持力度	X_2
		产业政策支持力度	X_3
		金融政策支持力度	X_4
资源配置	投资引导	政府筹集科技资金总额占全部科技资金总额比重	X_5
		政府对中小企业的扶持力度	X_6
		万元产值综合能耗	X_7
	人才引进	引进技术人才占从业人员比重	X_8
	技术引进	实际利用外资额占总投资比重	X_9
创新服务	基础设施建设	单位面积资产总额	X_{10}
	创新文化环境	园区开放度（外资企业出口创汇比重）	X_{11}
		知识产权保护意识	X_{12}
		风险投资体系完善度	X_{13}

（2）国家高新区企业的生产能力

国家高新区自主创新是指经过研究开发或技术组合，将创新设想转化为新产品、新工艺和新服务的过程，这个过程主要由企业来完成。企业通过对创新的投入，从而形成了创新的产出，即新产品、新工艺和新服务。因此，可以说在国家高新区创新系统中，企业是自主创新的主要生产力。企业在区域创新体系中涉及宏观的政治、区域、经济及文化功能，也包括微观的技术创新功能。

技术创新包括创新的投入、创新的产出两个维度。创新的投入包括人力资源、财力资源和物质资源，具体来说主要是用数量和质量两个维度来衡量经费、人员和技术设备。创新主体只有通过对现有资源的运作和配置才可能实现自主创新的过程，才能进一步实现持续创新发展高新技术产业。通过科技经费投入、科技人才投入、研究开发机构和高技术企业的数量与质量等指标群来测度国家高新区企业创新生产能力中的投入能力强弱。国家高新区创新体系的产出能力也是通过企业的产出来实现的，包括企业向社会提供的新科学发现以及拥有自主知识产权的技术发明、新产品、市场品牌等创新成果。依据创新成果的表现形式，也可以将产出划分为知识创造能力、技术创造能力、新产品创造能力、品牌创造能力等。由此，将产出能力用高技术产出、专利、技术性收入等指标群来测度国家高新区企业创新的生产能力中的产出能力。综合考虑，将国家高新区企业的生产能力用企业宏观环境、创新投入、创新产出、创新扩散 4 个评价领域来测度国家高新区企业的生产能力。这些指标群由 24 个评价指标（$X_{14} \sim X_{37}$）组成，如表 1 - 3 所示。

表 1 - 3　　　　　　　　国家高新区企业生产能力评价模块

创新功能	评价领域	评价指标	变量标示
创汇功能		出口创汇额与区域出口创汇额比重	X_{14}
		高技术产品出口占高新区出口创汇比重	X_{15}
规模功能		R&D 经费支出占区域 R&D 经费支出比重	X_{16}
		高技术企业数量占区域高技术企业数量比重	X_{17}
		工业增加值占区域工业增加值比重	X_{18}
	企业宏观环境	人均税收总额	X_{19}
经济功能		营收利润率	X_{20}
		内资企业工业总产值比重	X_{21}
		规模以上企业营业收入比重	X_{22}
文化功能		高新技术企业数占全部企业数量比重	X_{23}
		创新文化成熟度	X_{24}

续表

创新功能	评价领域	评价指标	变量标示
技术创新	创新投入	大专以上学历从业人数比重	X_{25}
		科技人员数占从业人员数比重	X_{26}
		R&D 人员占从业人员比重	X_{27}
		千人拥有的科技活动经费筹集总额	X_{28}
		R&D 经费支出占工业总产值比重	X_{29}
		科技活动经费占工业总产值比重	X_{30}
		高新技术企业 R&D 经费支出占全部企业 R&D 经费支出比重	X_{31}
		高新技术企业 R&D 经费支出占产品销售收入比重	X_{32}
	创新产出	新产品销售收入占产品销售收入比重	X_{33}
		高新技术产值占工业总产值比重	X_{34}
		技术性收入占营业总收入比重	X_{35}
		每万人申请发明专利数量	X_{36}
		每万人拥有发明专利数量	X_{37}

（3）国家高新区高校和科研机构的研发能力

国内外经典园区的实践表明，国家高新区内的高校和科研机构对园区内企业的研究开发和人才输送发挥着重要的支撑作用，是区域自主创新的起点（张冀新，2013）。尽管企业是区域自主创新的主体，但相对来讲，当前我国高新区内企业自主创新能力总体仍比较弱，必须大力发挥高校和科研机构的研发作用，协助企业自主创新。高校是增强自主创新能力的基础和生力军，科研机构是增强自主创新能力的骨干和引领军。高校和科研机构在国家高新区的研发能力可以用科研基础、科研产出和教学基础 3 个指标群来测度国家高新区高校和科研机构的研发能力。这两个指标群共由 7 个评价指标（$X_{38} \sim X_{44}$）组成，如表 1-4 所示。

表1-4　　　　　国家高新区高校和科研机构的研发能力评价模块

创新功能	评价领域	评价指标	变量标示
知识生产	科研基础	每万人研发机构数	X_{38}
		R&D项目占科技项目比重	X_{39}
		科技机构活动人员数占年末从业人员比重	X_{40}
	科研产出	高校和科研机构完成科技成果比重	X_{41}
		专利申请数增长率	X_{42}
		专利授权数增长率	X_{43}
人才培养	教学基础	应届毕业生占从业人员比重	X_{44}

（4）国家高新区中介机构的服务能力

中介机构是指为国家高新区创新主体企业、高校和研究机构、政府提供社会化、专业化服务，以支撑科技创新活动和促进科技成果产业化的组织。中介机构以国家高新区的创新主体为服务对象，提供专业化服务，实现生产要素的优化配置和协调主体之间的关系（吴开松等，2007）。中介机构作为中介服务组织，在国家高新区内使区内创新资源得到合理配置和充分流动，中介机构对企业、高校和科研机构等创新主体组织的网络结合也发挥着重要的作用。中介机构的服务能力可以用创新服务能力、要素配置能力两个指标群来测度国家高新区中介机构的创新服务能力。这两个指标群共由5个评价指标（$X_{45} \sim X_{49}$）组成，如表1-5所示。

表1-5　　　　　国家高新区中介机构的服务能力评价模块

创新功能	评价领域	评价指标	变量标示
专业知识服务	科技成果信息服务	万人拥有的上市企业数量	X_{45}
		技术市场交易额占工业增加值比重	X_{46}
专业技术服务	创新孵化服务	企业孵化器数增长率	X_{47}
		孵化器平均毕业率	X_{48}
	组织协调服务	产学研合作水平	X_{49}

1.2.3 指标筛选及评价

（1）相关性分析

经过理论遴选得到国家高新区创新主体功能绩效评价的第一轮评价指标体系，有效性和合理性难以得到保证，存在评价指标个数偏多，较多数据难以从统一口径获取，操作性难度大；基于主体功能考虑，而对诸如规模化、集群化等发展考虑欠缺的问题，以及由于主体之间存在合作关系、指标中存在重复性问题，如企业、高校和科研机构的专利问题。结合硅谷指数和中国科技园区评价指标体系，需对国家高新区创新主体功能绩效的指标进行筛选。政府法规政策的 4 个指标均为定性指标且存在一定的重复性，故用政策支持力度替换 $X_1 \sim X_4$。企业、高校和科研机构是专利的主要来源，而在实际的科技成果转化过程中主要以企业为载体，因此在国家高新区数据的统计过程中，仅以企业为主要统计口径来统计专利情况，故在评价指标设计中，删除高校和科研机构的专利相关指标。

评价指标相关分析过程首先是采用标准化处理方法对评价指标量纲的处理，然后计算各评价指标之间的简单相关系数。简单相关系数的检验统计量为 t 统计量，服从 $2 \sim n$ 个自由度的 t 分布。最后规定一个临界值 $M = 0.65(0 < M < 1)$，如果 $R_{ij} > M$，则可以考虑删除其中的一个评价指标；如果 $R_{ij} < m$，则可以同时保留两个评价指标。

根据上述简单相关系数的计算方法，采集 2009 ~ 2013 年国家高新区创新主体功能绩效评价的 7 对指标的数据，定性数据采用专家打分法获得，运用 SPSS17.0 统计软件对评价指标进行相关性分析，得到相关系数矩阵如表 1 - 6 所示。在表 1 - 6 中，$\alpha = 0.01$ 条件下，5 对评价指标均存在显著相关性，结合指标覆盖程度，淘汰其中 5 个指标。因此在进行第一轮相关性分析后，还有 39 个评价指标。

表 1 - 6　　　　　　　　　　　　5 对评价指标的相关分析

保留的评价指标	被删除的评价指标	相关系数	显著性水平
政策支持力度	政府对中小企业的扶持力度	0.780	0.000
R&D 人员占从业人员比重	科技人员数占从业人员数比重	0.678	0.000
R&D 经费支出占工业总产值比重	科技活动经费占工业总产值比重	0.660	0.000
高新技术企业 R&D 经费支出占高新技术产品销售收入比重	高新技术企业 R&D 经费支出占全部企业 R&D 经费支出比重	0.744	0.000
孵化器平均毕业率	企业孵化器数增长率	0.640	0.000

（2）鉴别力分析

由于评价指标体系中所涉及的指标较多，可以通过指标鉴别力的分析对指标进行简化处理，简化指标数量，提高指标鉴别力。评价指标鉴别力是评价指标区分评价对象特征差异能力的强弱能力。在所构建评价指标体系中，如果所有被评价的国家高新区在某个指标几乎没有鉴别能力，则认为该指标不具备鉴别国家高新区创新主体功能绩效的差异。采用变异系数法来筛选评价指标的鉴别力：$V_i = \dfrac{S_i}{\bar{X}}$，其中 $\bar{X} = \dfrac{1}{n} \sum\limits_{1}^{n} X_i$ 是 X_i 的平均值；$S_i = \sqrt{\dfrac{1}{n-1} \sum\limits_{i=1}^{n} (X_i - \bar{X})^2}$ 为标准差。变异系数越大，该指标的鉴别力越强；反之，鉴别力则越差。根据实际情况，从不同角度测度了指标变量的集中趋势和离散程度，可以适当地删除变异系数相对较小的评价指标。根据上述原理，采取国家高新区 2009～2013 年的指标数据，其中定性的数据采用专家打分法，运用 SPSS17.0 统计软件对这些评价指标进行方差分析，如表 1 - 7 所示。

表 1 - 7   国家高新区创新主体功能绩效评价指标的变异系数分析

主体	创新功能	评价指标	标准差	均值	变异系数
政府	引导管理	法规政策支持力度	0.048	0.632	0.076
	资源配置	政府筹集科技资金总额占全部科技资金总额比重	0.012	0.059	0.203
		万元产值综合能耗	0.032	0.489	0.065
	人才引进	引进技术人才占从业人员比重	0.001	0.005	0.200
	技术引进	技术引进额占固定资产总投资额比重	0.020	0.154	0.130
	基础设施	单位面积年末净资产	3.945	8.426	0.468
	创新服务	园区开放度	0.047	0.802	0.059
		知识产权保护意识	0.056	0.411	0.136
		风险投资体系完善度	0.069	0.481	0.143
企业	创汇功能	出口创汇额与区域出口创汇额比重	0.058	0.169	0.343
		高技术产品出口占高新区出口创汇比重	0.044	0.657	0.066
		R&D 经费支出占区域 R&D 经费支出比重	0.013	0.361	0.036
	规模功能	高技术企业数量占区域高技术企业数量比重	0.034	0.620	0.055
		工业增加值占区域工业增加值比重	0.011	0.086	0.128
	经济功能	人均税收总额	0.994	3.293	0.302
		营收利润率	0.004	0.052	0.077
		内资企业工业总产值比重	0.031	0.574	0.054
		规模以上企业营业收入比重	0.097	0.835	0.116

续表

主体	创新功能	评价指标	标准差	均值	变异系数
企业	文化功能	创新文化成熟度	0.068	0.491	0.138
	技术创新	大专以上学历从业人数比重	0.036	0.407	0.088
		R&D 人员占从业人员比重	0.018	0.099	0.182
		万人拥有的科技活动经费筹集总额	0.265	3.244	0.082
		R&D 经费支出占工业总产值比重	0.004	0.027	0.148
		高新技术企业 R&D 经费支出占产品销售收入比重	0.012	0.038	0.316
		新产品销售收入占产品销售收入比重	0.024	0.221	0.109
		高新技术产值占工业总产值比重	0.041	0.777	0.053
		技术性收入占营业总收入比重	0.011	0.062	0.177
		每万人申请发明专利数量	13.427	41.842	0.321
		每万人拥有发明专利数量	4.732	10.281	0.460
高校和科研机构	知识生产	每万人研发机构数	0.011	0.117	0.094
		每百人拥有科技项目数量	0.040	2.231	0.018
		科技机构活动人员数占年末从业人员比重	0.004	0.045	0.089
		高校和科研机构完成科技成果比重	0.006	0.033	0.182
	人才培养	应届毕业生占从业人员比重	0.003	0.040	0.075
中介机构	专业知识服务	万人拥有的上市企业数量	0.264	1.046	0.252
		技术市场交易额占工业增加值比重	0.032	0.236	0.136
	专业技术服务	孵化器平均毕业率	0.095	0.139	0.683
		产学研合作水平	0.040	0.654	0.061

　　由于国家高新区成立的时间相对较短，结合数据可得性，且此处选用的是全国高新区的数据，故将 0.5 作为变异系数的分界点。由表 1 – 7 可知，在 38 个评价指标中，有 2 个评价指标的变异系数小于 0.5，它们分别

为 R&D 经费支出占区域 R&D 经费支出比重、每百人拥有科技项目数量。因此，可以考虑删除这 2 个变异系数小于 0.5 的指标，保留其余 36 个评价指标构成国家高新区创新主体功能绩效的最终评价指标体系。

（3）熵值法评价

按照管理、研发、生产、服务 4 个维度的 36 项指标，采用 2009 ~ 2013 年高新区数据利用熵值法计算指标权重，进行主体功能绩效评价，各创新主体综合得分，如表 1 – 8 所示。绩效评价结果与国家高新区的发展现状相符合。金融危机后，国家高新区不断加大各种投入力度，不断加强主体之间的合作，各项指标数据均较稳定地呈现稳定增长的趋势。从 2009 年起，政府、企业的得分都随着时间的推移呈现稳步增长的趋势；中介机构也表现出增长的倾向，高校和科研机构波动较为明显。

表 1 – 8　　　　　　　　2009 ~ 2013 年国家高新区各主体功能绩效得分

主体	2009 年	2010 年	2011 年	2012 年	2013 年
政府	1. 226	1. 403	1. 723	1. 991	2. 048
企业	2. 788	3. 170	3. 652	3. 714	5. 208
高校和科研机构	0. 093	0. 102	0. 109	0. 106	0. 109
中介机构	0. 379	0. 453	0. 428	0. 521	0. 590

在明确国家高新区创新主体功能运行过程的基础上，确定创新主体功能绩效指标遴选的 4 个维度和 49 个初始指标。在借鉴国内外科技园区评价指标体系基础上，选择 2009 ~ 2013 年国家高新区数据进行指标相关性和鉴别力遴选，最终确定 36 个指标组成国家高新区主体功能绩效评价指标体系。最后运用熵值法对创新主体功能进行系统绩效评价，评价结果显示企业、政府、中介机构、高校和科研机构功能绩效依次减弱。国家高新区创新主体对区域内资源所进行的各种互动的、有组织的

学习行为构成高新区创新的重要内容，需要依靠企业、政府、高校和科研机构、中介机构等多个主体共同联动、协调配合才能得以完成。而经济发展一般规律表明，经济发展对资源的依赖关系具有明显的阶段性特征，是一个动态的系统过程。创新主体的功能定位及转换能有效明确各主体在国家高新区的角色，能够更有效地进行资源配置，发挥主体创新功能。

在影响创新主体功能绩效的因素当中，投入与产出能力更为重要，是主体功能发挥的核心，更是技术创新主体企业运行绩效的关键。企业作为国家高新区创新活动的产出载体，更能够体现主体的创新效率。因此，不论是哪一个角度的绩效评价，都应该包括主体功能绩效的综合运行能力评价和系统运行效率评价。为了从整体上科学分析与评价国家高新区创新主体功能绩效的状况，不仅需要多学科的理论作为支撑进行定性分析研究，还需要对绩效的状况进行定量的描述、分析与评价。创新主体功能绩效的评价结果并没有一个绝对的标准，而是以一个相对的角度加以参考，从某个国家高新区主体历年功能的发挥比较分析，或是从不同高新区的创新主体功能比较分析。通过两个角度分析比较创新主体功能的相对强弱，以确定主体绩效与主体之间的转换情况，以及分析不同国家高新区之间的异同。

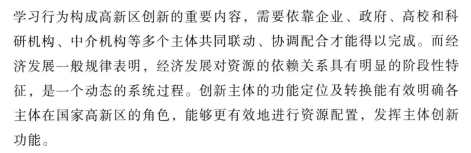

1.3 创新主体功能转换的结构模型及判别

1.3.1 创新主体功能转换的系统流程

国家高新区创新系统是具有动态行为的高阶次非线性复杂系统，具有多重反馈环。系统中各主体通过创新投入发挥功能作用，并形成各子系统以及各子系统的构成要素之间相互作用。由于时滞作用，创新的产出和功能绩效在时空上往往是分离的，所以单凭主观认识、经验判断来分析国家高新区的创新系统发展以及主体之间的功能转换是很困难的（陈家祥，2009）。根据创新主体的关系结构，采用系统动力学进行国家高新区创新主体的功能转换的动态系统仿真模型设计，从系统层面研究主体之间的功能转换，使主体之间的功能转换具有可靠的参考模式。

（1）创新主体的系统特征

①从微观主体结构、功能结构研究国家高新区创新系统的基础。根据国家高新区创新系统的主体结构与功能关系构建系统动力学模型，强调从微观角度研究创新系统。系统动力学要求从深层次反映创新主体的结构与功能关系，把握主体结构特征和运行机制，明确主体单元间的相互关系与作用，全面深入反馈因果关系，把可观测的动态变化趋势和不可测的系统内部关系联系起来加以分析（赵黎明、李振华，2003）。

②主体是构成系统动力学的基本单元。主体、主体的功能及信息链组成了系统，信息链是系统结构的基础。对于国家高新区创新系统而言，创新主体的功能绩效构成了信息链，也是系统的基本结构即信息反馈环（王灏晨、夏国平，2008）。主体通过相互功能交叉作用及整合形成了国家高新区创新系统的总功能，功能的绩效则由这些信息反馈环得以体现。

③主导反馈环的变化影响并决定着国家高新区创新系统结构及变化趋势。国家高新区创新系统中存在着一个或多个主导反馈环，这些主导反馈环影响并作用于创新系统的主体结构、主体功能和系统的变化趋势，从而构成了系统的主导部分。通过对主导反馈环性质的认识与分析，深入理解创新系统的主体结构、功能转化。区域创新系统中的主导反馈环是动态可变的，在一定条件下主导与非主导反馈环可相互转化（杨剑等，2010）。在国家高新区创新系统中，依据主体功能不同类型，主导与非主导反馈环之间是可以相互转化的。在欠发达地区政府功能体现较为明显，包含地方政府的反馈环可能均为主反馈环；而在较发达地区以企业的功能发挥为

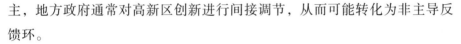

主，地方政府通常对高新区创新进行间接调节，从而可能转化为非主导反馈环。

（2）创新主体的因果关系

国家高新区创新系统由创新环境子系统、创新主体子系统以及创新功能子系统 3 个大的子系统构成，其中创新主体子系统由政府系统、企业子系统、高校和科研机构子系统以及中介机构子系统 4 个小的子系统构成（David Doloreux，Saeed Parto，2005）。国家高新区创新系统的基本要素则是指通过创新主体的行动直接参与或作用于国家高新区创新活动，主要包括国家高新区内被用于创新的经济要素和区外即将参与区内创新活动的要素，构成创新活动投入、活动过程和创新产出的经济要素，具体包括创新资金、创新人才、创新资源与产品、创新技术及创新管理组成（郭丕斌等，2011）。从主体角度考虑，创新资金主要包括政府的科技投入、企业的研发投入、高校和科研机构的科技投入等。创新人才以科技活动人员为研究对象，主要包括企业、高校和科研机构的人才投入。创新资源与产品主要指创新产出的经济效益，包括专利产出、技术性收入等技术创新产出（孙福全等，2008）。创新管理主要指政府政策、税收等调控措施对系统参数的控制性。

国家高新区创新主体功能转换模型的基本假设为：国家高新区创新系统的发展与运行是一个循序、渐进的行为过程（Olivier Crevoisier，1998）；主要考虑各创新主体的投入产出，且通过投入与产出来体现主体功能；假设专利的经济效益最后都通过发明专利授权量反映出来；假设中介机构的作用主要通过服务的形式体现出来（吴开松等，2007）。

在对系统整体结构分析的基础上，以创新主体的功能及互动结构关系为主线，从基本构成要素上分析国家高新区创新系统，建立国家高新区创新主体功能转换的因果关系模型，如图 1 - 2 所示。

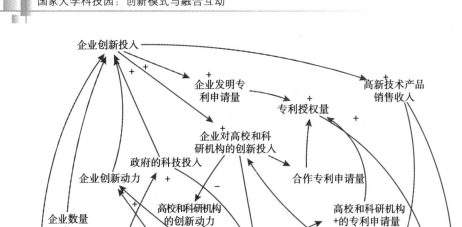

图1-2 国家高新区创新系统中主体创新的因果关系

在市场机制的作用下，国家高新区形成以政府为主体的制度创新、管理创新与以企业为主体的技术创新之间的合作互动关系（Luc Soete，1985）。其中技术创新是核心内容，企业出于高新技术产业发展的需要，在市场需求和自身利益的共同作用下，不断进行新技术、新工艺和新产品的研发设计，并将科技成果转化为实践生产过程中（James Mahoney，2000）。政府作为区域创新的主体，主要体现在制度创新与管理创新。政府为园区内的技术创新提供良好的制度环境，通过制度创新提供满足新环境下技术创新需求的制度（Lichtentaler E，2007）；在技术变革的推动下，通过制定各种规划战略，并辅助企业进行技术创新，政府为园区内技术创新提供管理创新的服务。

（3）创新主体的系统结构模型

根据国家高新区创新系统主体以及功能结构等因果关系，可以建立如图 1 - 3 所示的国家高新区创新主体的动态系统结构流程图。选取 2001 ~ 2010 年国家高新区统计数据，以国家高新区工业增加值和发明专利授权量两个指标作为国家高新区系统运行的输出与响应。其中，国家高新区工业增加值反映了国家高新区高新技术产业发展水平和各主体创新功能发挥的绩效水平；发明专利授权量反映了国家高新区创新产出能力以及区域技术创新实力。在创新功能绩效分析中，选用发明专利授权量说明创新产出水平，专利包括发明专利、外观设计以及实用新型，而发明专利最能够体现技术创新的真实水平。

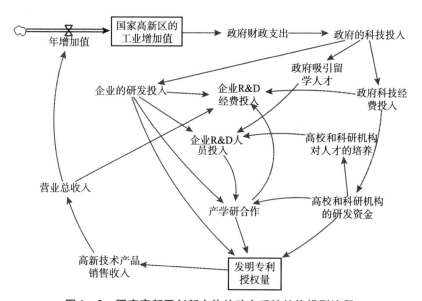

图 1 - 3　国家高新区创新主体的动态系统结构模型流程

1.3.2　创新主体功能转换的动态结构模型仿真

（1）有效性检验

国家高新区创新系统仿真模型的历史检验主要是检验模型的运行状态

与实际的行为是否吻合，假若仿真结果与实际系统的历史有出入，就无法正确描述系统的未来状态。即将模型中参数的运行结果与国家高新区创新系统参数的实际值进行对照、比较，衡量模拟仿真参数变化的整体有效性（马池顺、喻金田，2012）。此处选取工业增加值与发明专利授权量两个输出响应指标对模型的有效性进行检验。采用拟合度检验将模型中参数的模拟结果与真实值进行比较，通过衡量随时间动态变化的参数拟合程度来判断模型的整体有效性。拟合度具体计算公式（1-1）为：

$$R^2 = \frac{\sum_{i=1}^{n}(\hat{y}_i - \bar{y})^2}{\sum_{i=1}^{n}(y_i - \bar{y})^2} \tag{1-1}$$

其中，y_i 为实际值，$\hat{y}_i$ 为仿真值，$\bar{y}_i$ 为 y_i 的均值，n 为仿真年数，拟合度评判标准大于 50% 即为显著水平（张省、顾新，2012）。全国高新区的工业增加值、发明专利申请量两个输出相应的误差率如表 1-9 所示。从表中可以看出全国高新区的工业增加值、发明专利申请量的仿真结果与真实值较为接近，可认为所构建的模型拟合程度可信，变量的最大误差为 3.77%，模拟结果能够较准确地描述国家高新区 2001~2010 年的运行情况，即该模型具有一定的合理性。

表1-9　　　　　　　　规模与技术输出响应的误差率

年份	工业增加值			发明专利授权量		
	拟合值	真实值	误差率（%）	拟合值	真实值	误差率（%）
2001	2 621.3	2 621.3	0.00	1 840.0	1 840	0.00
2002	3 178.3	3 286.1	-3.28	2 175.3	2 257	-3.62
2003	4 216.7	4 361	-3.31	2 780.1	2 813	-1.17
2004	5 411.2	5 542	-2.36	3 162.1	3 116	1.48
2005	6 584.3	6 821	-3.47	3 837.2	3 733	2.79
2006	8 774.1	8 521	2.97	6 416.6	6 668	-3.77
2007	10 466.4	10 715	-2.32	7 903.8	7 658	3.21

续表

年份	工业增加值			发明专利授权量		
	拟合值	真实值	误差率（%）	拟合值	真实值	误差率（%）
2008	12 809.7	12 507	2.42	10 571.8	10 962	-3.56
2009	15 208.9	15 417	-1.35	15 470.5	16 020	-3.43
2010	18 945.7	19 272	-1.69	20 935.9	21 476	-2.51

（2）仿真及灵敏度分析

模型仿真主要以衡量国家高新区创新主体投入产出绩效为研究目的。模型中对创新主体功能的产出起直接作用的创新资金的直接供给主要来源于企业、政府以及高校和科研机构，将这3个主体的资金投入看作3个自变量，发明专利授权量和高新技术产品销售收入分别看作因变量。将国家高新区2001~2010年各主体科技筹集资金来源比例，运用SPSS17.0进行线性拟合，得到各主体的投入强度系数，如公式（1-2）、公式（1-3）所示：

$$S_i = 756.9 + 6.8 \times Z_i + 5.2 \times Q_i - 7.3 \times G_i \qquad (1-2)$$

$$P_i = 8\ 645.3 + 173.6 \times Z_i - 12.7 \times Q_i + 72.9 \times G_i \qquad (1-3)$$

S_i 指第 i 年国家高新区工业总产值，其中 P_i 指第 i 年国家高新区发明专利授权量，Z_i 指政府在第 i 年对园区的科技投入，Q_i 指企业在第 i 年的研发投入（主要指研发经费的投入），G_i 指高校和科研机构在第 i 年对园区的科技投入（主要指政府对高校和科研机构的科技投入）。通过改变其中一个自变量，同时保持另外两个自变量不变来观测因变量发明专利、工业增加值的变化幅度，以此比较创新主体的投入产出效率，进而确定其创新功能发挥的角色作用（吴敏等，2010）。假定企业、政府以及高校和科研机构对研发的强度分别增加1%，此时发明专利申请量及工业增加值的灵敏度变化情况如表1-10所示，企业的灵敏度相对于政府和高校而言均较高，即企业的研发强度增加1%，对工业增加值和发明专利授权量作用明显强于政府、高校和科研机构。

表1－10　　　　各创新主体的投入对工业增加值和发明专利授权量的灵敏度

单位：%

年份	工业增加值			发明专利授权量		
	政府	高校和科研机构	企业	政府	高校和科研机构	企业
2001	0.07	－ 0.76	0.81	1.84	0.04	－ 3.29
2002	0.06	－ 0.67	0.73	2.20	0.04	－ 3.16
2003	0.07	－ 0.67	0.72	2.15	0.03	－ 2.83
2004	0.06	－ 0.67	0.76	2.32	0.04	－ 3.03
2005	0.07	－ 0.48	0.82	3.00	0.04	－ 3.27
2006	0.07	－ 1.09	0.86	2.32	0.14	－ 2.75
2007	0.08	－ 0.27	0.85	2.82	0.04	－ 2.98
2008	0.10	－ 0.37	0.89	2.70	0.04	－ 2.53
2009	0.10	－ 0.28	0.84	2.47	0.03	－ 2.03
2010	0.09	－ 0.36	0.91	2.53	0.05	－ 2.47

　　对于工业增加值而言，政府的作用随着时间的推移波动增加，呈现螺旋上升的势头；企业则相对稳定，灵敏度较为稳定地在逐年增加；高校和科研机构则为负向的波动，即当高校和科研机构的研发强度增加1%，而企业、政府的研发强度不变时，工业增加值呈现下降趋势。一般认为，国家高新区内的企业依托高校和科研机构，通过企业以及高校和科研机构之间的关系网络，不仅可以充分享用高校内的高技术人才，还扩宽了科研机构对企业的研发渠道，打破了主体之间的障碍，实现流畅的沟通与知识互动，从而增加企业的创新能力。但是企业以及高校和科研机构的区域创新网络并不能形成真正有效的创新系统。一方面，企业依赖于高校和科研机构的研发与创新以及技术人才，创新的活力不足或被动性较大；另一方面，高校和科研机构脱离了企业开展研究，导致资源交流和合作受到影响，研究缺乏实践性，使得高新区创新活力不足。

　　对于发明专利授权量而言，政府与企业的灵敏度均高于高校和科研机构。在通常情况下，当各主体的科技投入越大，创新的产出即发明专利授权量应该是增加的，即企业的科技投入与绩效产出之间存在着正相关，但企业与发明专利授权量之间也是负向的变化趋势。即当企业的研发强度增加1%，而政府、高校和科研机构的研发强度不变时，发明专利授权量将下降2.47%，这与高校和科研机构对工业增加值的灵敏度变化情况相类似，同时进一步说明了在此阶段国家高新区单独加大企业的研发投入力度，并不能对发明专利授权量起到很好的推动作用。一方面，企业是技术创新的主体，其高素质创新人才的投入仍依赖于高校和科研机构；另一方面，国家高新区发展的是高新技术产业，其发展需要承担较大的风险，需要政府给予一定支持才能够增强企业创新动力，再加上企业从研发投入转化成发明专利或产值是具有滞后性的。因此，更能说明在政府建设的良好创新环境下，企业研发投入已经达到了有效的规模范围。企业需要加强与高校和科研机构研发合作，才能更好地推动创新活动的开展，从而增加发明专利数量与高新区的工业增加值。

1.3.3　不同规模与技术条件下主体功能的转换判别

依据主体敏感度大小的绝对值可以判断主体功能作用的大小，并可以通过纵向观察其功能强弱的变化程度；依据主体敏感度的正负判断主体功能发挥的合理性，如果敏感度为负数则认为该主体的功能发挥有待进一步加强，且出现两个主体的功能均为负数，则可能是这两个主体之间合作力度不够，需要加强合作。政府对于发明专利授权量的功能有增强的趋势，而企业的功能则在略微下降，高校和科研机构的作用变化不明显；政府对于工业增加值的灵敏度在增强，高校和科研机构呈现波动趋势，但呈现减弱的倾向，企业的作用微有增加，但变化不明显。2006～2010年，企业在4个主体中的科技筹集资金比例均高于83%，明显高于政府、事业单位以及金融机构（在此将事业单位看作高校和科研机构，金融机构作为中介机构）。其总收入比重相对于投入而言明显偏低，平均占35%，略高于政府的21%；比重相对于技术性收入企业与中介机构则相对较高，企业则是相当于两倍的投入，输出一倍的产出。相对于投入而言，高校和科研机构科技筹集资金比例较低，其总收入比重与技术性收入均最低，相对于投入效用而言，企业产出效用明显高于高校和科研机构。企业与高校和科研机构的投入比约为339∶1，而企业与高校和科研机构的收入产出比与技术性收入产出比分别约为25∶1和18∶1。高校和科研机构的产出是以企业为依托的，这3个数据也较好地印证了对灵敏度的分析结果。

国家高新区创新体系中创新主体是具有创新需求与创新能力的区域能动主体，是国家高新区创新体系的重要组成部分。任何一项具体的区域技术创新，都涉及创新组织、创新活动设计、具体创新活动执行、创新服务提供等环节，如表1-11所示。在国家高新区创新体系中，每一个主体的功能都不能忽视，官产学研金等机构只有充分结合成网络互动与交互学习的模式，确保良好的园区运行环境、高校和科研机构知识溢出、完善的服务体系配套，技术创新的主体——企业的主体功能才得以充分体现，各主体只是在不同规模与技术条件下，主体功能的侧重有所不同。

表1-11 国家高新区各创新主体功能岗位配置

区域角色	岗位配置	功能主体	主要功能	自主创新构成
组织角色	管理	政府	营造环境、引导管理、资源配置和创新服务	自主创新的协调者和创新政策的制定者
设计角色	研发	高校和科研机构	人才培养、知识生产	自主创新的知识技术源和人才源
执行角色	生产	企业	创汇功能、规模功能、经济功能、文化功能；技术创新、创新扩散以及创新合作	自主创新的主体
服务角色	服务	中介机构	服务创新	沟通和促进知识技术流动

从资源要素的配置角度分析，经济结构就是劳动、资本、技术和自然资源在产业、地区、企业之间的配置关系状况。投入或配置的结构如何，

直接影响到其经济的发展水平。国家高新区高新技术产业的主体功能结构转换也遵循高新区经济结构的发展规律。随着技术进步，主体功能结构的转换速度还会出现加速变动趋势。不过当某一个高新区的主体功能结构走向成熟之后，功能结构的变化速度会逐渐减慢。功能结构是一个相对状态，也是动态的，较难用数据准确地描述其特征。在这些环节中，政府、企业、高校和科研机构以及中介机构的功能、功能的大小都不相同，不同功能的发挥直接反映在主体的功能绩效上，而绩效则是通过国家高新区自主创新能力得以体现，因此能够准确把握主体自主创新能力指标数据的特征，将有助于理解主体功能发挥以及主体功能之间的转换。根据国家高新区创新主体的关系结构运用系统动力学，从规模与技术两个角度进行创新主体功能转换的动态系统仿真模型设计，使主体之间的功能转换具有可靠的系统参考模式。分析结果表明，我国高新区现阶段正处于加速成长阶段，应加大企业、高校和科研机构之间的合作力度，强化高校和科研机构的功能，实现从政府主导向企业、高校和科研机构的合作转换。

1.4　创新主体功能转换机制

1.4.1　创新主体功能转换原则

（1）空间邻近原则

国家高新区具有的隐性知识与地理邻近性是高新区创新主体参与创新活动与构建区域网络的重要基础，与高新区产业发展密切相关。以隐性知识为核心的社会资本是国家高新区创新能力与产业价值链的重要组成部分，是各创新主体创新活动地理分布的决定性因素，并能通过空间邻近强化和提升各创新主体的创新能力，促使企业不断向拥有隐性知识的区域集中。空间邻近为国家高新区各创新主体间通过面对面的交流更好共享邻近空间的隐性知识提供了平台，使国家高新区在空间上更具有空间黏性。国家高新区的企业分布都比较集中，这就为企业通过各创新主体形成的区域社会网络获取隐性知识和社会资本提供便利，更好地增强高新区产业竞争力。同时，国家高新区整体创新能力取决于高新区内各创新主体间的相互作用和功能间的相互转换，而这种相互作用必须依托于一定空间并且与高新区的社会性、组织性、地方性密切相关。

（2）主体利益原则

主体利益原则是国家高新区各创新主体功能在由多目标、多价值导向的短期利益向具有共同目标和价值的长期利益而忽略短期利益的转换过程中，追求各主体整体利益的不断增长，以形成高新区稳定的创新环境，降低创新风险，在各创新主体间功能转换的互动框架内定位各创新主体的作用和政策重点。国家高新区各主体整体利益最大化导向有助于提高各创新主体的学习能力，有利于不断巩固社会资本和隐性知识，有利于企业和其他创新主体间建立技术交易及产业分工关系，通过利益增长加以巩固和扩大，有助于国家高新区产业集群和区域文化的形成。主体利益提高取决于国家高新区的制度环境改善，尤其是政府和企业功能的正向互动关系。国家高新区政府通过为其他创新主体提供必要的政策支持和财政支持来获取最大的社会利益，以充分发挥政府在国家高新区资源整合中的管理与协调功能。国家高新区应由政府单方提供扶持和倾斜政策的自上而下利益获取模式，向充分发挥高校和科研机构、中介机构、政府、企业协同作用的自上而下与自下而上相结合的利益获取模式转换，强化提高政府在提升其他创新主体利益的制度环境下的建设能力。

（3）园区效率原则

国家高新区的园区效率是以各创新主体功能间的适时转换和合作互信为基础的，有利于降低各创新主体的功能转换成本，降低各创新主体在创新活动中的交易成本，有利于增加高新区吸引力。园区效率提高促使高新区各创新主体间形成相互需求与合作的网络，促进各创新主体互动学习、技术扩散、信息共享，使国家高新区内部形成紧密的产业分工和相互支撑服务网络，延伸产业链条。发挥园区集聚效率可以更好地引导国家高新区产业的集中布局，凸显国家高新区在城市经济社会发展中的核心和引导作用。通过合理规划引导和约束企业，形成合理的区域分工，防止国家高新区企业分布过于分散或集中规模过小，更好地利用高新区土地资源，提高高新区集聚效益以进一步提升园区的运行效率。

1.4.2　创新主体功能转换机制

国家高新区创新主体功能的路径转换强调从技术能力和市场能力两个维度定义与分析主体的技术创新活动，即指通过促进外界条件的变化，包括技术能力与市场能力的变化，驱动园区内主体的内部结构发生某种程度的结构性变异，由于这种结构性变异衍生出从动力机制、联动机制、跨越机制3个运行机制进行路径转换，实现主体间功能的转换，如图1-4所示。

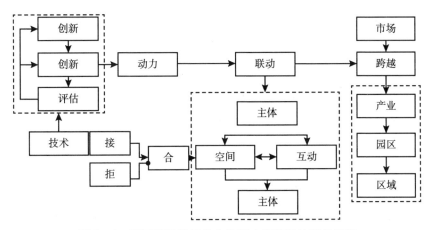

图1-4　基于路径转换的主体间功能转换的形成机理

技术能力是一种科技推动力，技术维度决定了新技术与以往技术在技术层面上的差异；市场能力是一种市场推动力，市场维度则决定了新技术满足的市场需求与原有市场需求的差异。因此，主体间功能的转换强调从园区内部出发，通过对创新资源与创新能力的评估反馈，形成主体间转换的动力机制；继而选择接受或者拒绝主体间的合作，若选择合作，则构成联动机制；最终实现技术跨越，满足外部市场能力需求，最终形成跨越机制，由此构成主体间功能转换机理的内容部分。

（1）功能转换的动力机制

国家高新区创新主体功能的路径转换强调对原有创新路径的突破，国家高新区主体间功能转换的动力机制包括三大模块：突破性创新资源的形成、技术性创新能力的提升以及对以上两者的评估反馈机制。

①突破性资源的形成。企业竞争资源包括外围资源、基础资源、核心资源以及突破性资源。其中，突破性资源的竞争优势最高，强调的是变革性资源，而非现有的技术经验累积、用于研发活动的人力资源和金融资源以及资产。一般情况下，从外部获得或者通过合作的方式获得，也可以由核心资源转化成突破性资源。因此，当高新区市场尚不成熟时，企业较难将核心资源转化成突破性资源，需要借助与其他主体间的合作或引进才能形成突破性资源。

②技术性能力的提升。技术性能力是影响企业新技术内化的关键性一步，强调在发展中不断积累的、渐进的学习过程。对引进技术实现从投入产出的创新转换能力可称作技术创新能力，与技术性能力是一种支撑与被支撑的关系，是技术性能力的组成部分。企业提高技术性能力最终以提高技术创新能力为依托，但受到技术资源的限制。当企业原有技术专业性较强，意味着企业只能生产一种或少数几种产品，企业就缺乏对外来技术识别和引进的动力；当原有技术较为单一，意味着企业需要支付较高成本代价来引进新技术，且对引进技术灵活支配的能力相对较弱。因此，企业在选择产学研合作进行主体间功能转换的过程中，有必要提高企业技术资源的柔性，加大与其他创新主体合作的可能性。

③创新评估与反馈。里克腾塔勒（Lichtentaler，2007）通过实证说明在路径变化的情况下，企业技术创新活动的失败大多与技术扫描后的某个薄弱环节有关，而这个薄弱环节通常是技术评估与跟踪制度。创新评估与反馈是对引进的突破性资源在引进、转换过程中的一种监督与控制。在新技术引进初期，对技术的扫描也是一种评估，有助于过滤不适合引进的技术；在新技术引进后，对技术的评估有助于发现新技术是否与原有技术存在偏差，并依据反馈纠正；在下一次新技术引进时，对上一次引进技术的产业化与商品化结果的评估有助于依据技术路径的动态变化，提供新技术引进的依据。技术评估与反馈促进了新技术的赶超作用，形成技术路径转换。

（2）功能转换的跨越机制

在主体间功能的转换过程中，企业需要具备一种动态的适应力。这种动态的适应力不仅表现为企业对突破性资源转换成新技术的适应性，也表现为对多主体创新路径的适应性，更表现为企业对外部市场环境变动的适应性。动态适应力帮助企业适应于新的创新环境，从产业、园区、区域等更多层面来看待自身的利益。跨越式发展伴随着产业集群→园区扩散→区域融合的不断转换的过程，主体间功能的转换发生了路径转换，提升了企业新的市场能力。

①产业集群。高新区的基本作用是聚集高新技术企业、物质和人力资本以及其他创新主体，提供必要的基础设施和各主体、产业发展的制度环境。在技术路径发生转换时，企业与其他主体间完成分工与协作，形成了竞争与合作关系，进而通过空间集聚形成产业间关系和新的产业结构。产业集群在不同的发展阶段，其内部运行机制也不同，包括互补性机制、信任机制、交易费用机制、知识外溢机制。构建区域产业集群的关键是在根植于资源禀赋、产业基础上，形成具有竞争优势的特色产业，避免产业趋同现象。伴随着产业集群的形成，主体间通过转换分工而形成了联系紧密的产业链关系和新的产业结构，主体间功能实现互补，产业间形成关联，形成集聚规模和集聚范围经济的一种复合经济形式的共同体。各

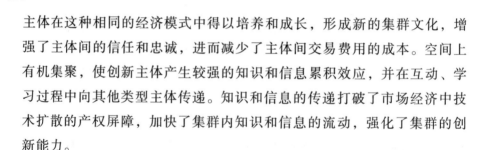

主体在这种相同的经济模式中得以培养和成长，形成新的集群文化，增强了主体间的信任和忠诚，进而减少了主体间交易费用的成本。空间上有机集聚，使创新主体产生较强的知识和信息累积效应，并在互动、学习过程中向其他类型主体传递。知识和信息的传递打破了市场经济中技术扩散的产权屏障，加快了集群内知识和信息的流动，强化了集群的创新能力。

②园区扩散。园区内高新技术企业的技术扩散效应模式也是如此，通过技术交流、转让、投资等方式实现在主体扩散→产业扩散→园区扩散。园区扩散机制包括园区扩散的能力机制、扩散的动力机制、扩散受体的接受机制、扩散的通道机制4个方面。高新区在与其他高新区或周边空间之间形成"位势差"后，具有较高势能，进行园区扩散的能力较强，进而可能发生扩散效应。在对扩散效用进行评估和考核后，园区依据自身利益的追求，选择扩散形成扩散的动力机制。扩散接收方的状况直接影响到园区效用扩散的效果，集中表现在扩散受体对这种位势差的适应能力上，适应性越强，扩散越容易发生。在扩散与接受过程中，可能由于区域经济体制、政策、法律、文化等社会环境系统的影响，使扩散受到阻碍，需要通过中介机构和技术市场发挥桥梁作用，畅通扩散通道，最终完成势能的转移与均衡。

③区域融合。区域融合指在产业集群式发展与园区技术扩散的基础上形成的区域范围内制造业与服务业内部以及之间的融合。集群式发展是区域融合的高级阶段，区域融合在不同发展阶段具体体现层面与产业集群发展相类似，也是通过区域分工与贸易合作，提高产业的专业化水平与加强区域经济联系，达到共赢；通过创新要素在区域内流动和扩散，最终实现大量制造业企业与服务业企业在空间上的集中，实现集聚经济、产业的竞合互动机制等集群效应，形成集群式发展。奥利维耶－克雷沃西耶（Olivier Crevoisier，1998）认为，互动和学习区位是一个连接要素，它能够在制度方面和物质建设方面把城市与创新连接起来。在高新区内主体间的互动和学习则加强了区域创新的可能性。主体间功能转换是一个连续动

态的系统过程，具有一定的周期阶段性和动态循环性。在突破性技术产生阶段，新技术受技术能力的作用，技术资源则在专业程度上对技术能力产生作用，技术评估与反馈同时作用于技术能力与技术资源，发挥保障作用，形成突破性资源。在转换的联动阶段，突破性资源与学习模式、组织文化、创新功能形成联动，生成主体的动态能力，实现主体间功能的转换。在转换的跨越阶段，突破性资源不仅与主体内部实现匹配，且带动技术在产业、园区和区域内扩散，形成产业集群式区域融合。这一系列过程都在突破性资源的良性发展下向前推进，直至完成本次创新活动，同时也意味着下一次创新活动的开始。

而同样是政府以大学为基础，规划主导建设的台湾新竹就很好地注重创新主体间的有效衔接、协同和角色功能的定位问题，进而获得成效。

通过阐述国家高新区创新主体功能转换的空间邻近、主体利益、园区效率原则，以及创新主体间功能转换过程，以此形成突破性资源和技术创新能力主导的动力机制，产业集群和区域融合创新的跨越机制。国家高新区创新体系建设是创新区域构建的重要内容，是一项综合性较强的复合系统工程，而不是单项活动或某个简单环节。创新主体对区域内资源所进行的各种互动的、有组织的学习行为构成区域创新的重要内容，需要依靠企业、政府、高校和科研机构、中介机构等多个主体的共同联动、协调配合才能得以完成。而经济发展的一般规律表明，经济发展对资源的依赖具有明显的阶段性特征，是一个动态的系统过程。国家高新区内创新主体之间有序而有机的结合，才能使区内竞争优势得以体现；同时发挥高新区的集群扩散效应，顺利完成科技创新成果的不断扩散，与周边地区形成功能互补和联动发展，真正实现高新区在经济效益、发展方式的转变以及自主创新上的功能带头作用。通过不同的路径转变提升主体的功能发挥，均衡主体间的关系，大力扶持高技术产业的发展。

1.5 ▶ 基于生命周期的创新主体功能转换模式

1.5.1 基于生命周期的科技园区功能定位

一般而言，当外界因素或内在压力共同作用于主体，且当影响能力强到足以改变这一阶段能力发展轨迹时，能力分歧就会出现，系统内部便会寻求一种新的平衡。这些因素和压力来自组织内部或外部的，分别称为系统的内在和外在选择环境。内在选择环境主要包括管理决策，外在选择环境主要包括市场、科学技术、产品与服务的供应情况、政府政策等。在选择事件的作用下，企业能力形式会发生变化，不适应环境的被削减或剥离，而适应快速变化环境的能力要素则被保存下来，在企业内部传递和学习。这些整合、构建和重构内外部胜任力从而使企业适应内外部环境变化的能力就是蒂斯（Teece，1997）等宣称的动态能力。这种动态能力也适用于国家高新区内的区域创新，在选择事件的作用下，主体之间的功能关系发生变化，遵循适者生存的原则，有利于高新区发展的能力在高新区内复制与传播，寻求新状态下的平衡。

主体的功能结构有静态和动态之分。在某一时间和空间内，功能结构通常有相对固定的关系，但在国家高新区发展的演变过程中，主体的功能结构往往是不断变化着的。主体之间的功能结构关系发展总是由较低级的、简单的结构层次向较高级、复杂的结构层次转换。主体功能结构的变化，使得高新区内资源重新投入与配置，由此推动了高新技术产业的产生和发展，并最终导致传统产业的萎缩和衰落。国家"十一五"规划明确赋予国家高新区"四位一体"的功能定位和5个转换的国家使命。"十二五"规划提出转型升级，提高产业核心竞争力，营造环境推动服务业大力发展，企业创新从组织内部独立完成转换成为与外部利益相关者协作完成。结合规划对国家高新区的功能定位，按照生命周期阶段，国家高新区功能定位可划分为从初创期的基础设施建设，到成长阶段的发展要素聚集，再到成熟阶段的创新网络形成，最终实现升级阶段的体制机制改善 4 个阶段性功能。

（1）初创阶段的基础设施建设

在国家高新区初创阶段，整体功能的定位主要集中在对基础设施的建设上。交通设施的建设包括国家高新区内部与外部交通设施的建设，即内部的主、次干道的合理配置与规划布局，配合社会力量对外部的公路、干线航道的建设；排水、供电、供气、供热等保障高新区运作的基本生活设施的建设。网络通信建设是确保区内外部信息流畅的基础。这些基础设施的建设通常由国家或地方政府牵头完成，其他主体积极配合。这一时期，在政府划定发展高新技术产业区域范围内，若干个同类企业或相关企业诞生，较为优惠的政策和创新环境吸引创业者积极加入，在各种高校和科研机构的协助推动下，产业集群的雏形就会显现出来。为吸引更多相关支撑企业加入，区内企业会不断改善自身业绩，增强竞争能力，进一步促使为集群企业提供配套服务的机构开始形成聚集，加速产业集群的形成。随着高新区的发展扩大，受市场需求拉动，形成快速投资、快速进入和发展的特点。

（2）成长阶段的发展要素聚集

在国家高新区成长阶段，整体功能的定位主要集中在对发展要素集聚的有效配置上。通过有力措施和政策引导以及企业的不断发展，各种科技、信息、人才、资金等投入要素不断向高新区内集聚。在技术创新过程中，各种创新要素相互发生复杂的非线性作用，通过协同共同演化。区内产品逐步由单一、简单、高价向多样、复杂和低价方向转变，园区内竞争加剧。部分发展较快的企业，则可能由于短期利益诱惑，忽视创新，在竞争中逐步淘汰，有竞争力的企业占据较多市场，并在国家高新区的不断发展中形成了高端要素和专业要素。这一时期要素的集聚发展已经形成一定的规模，区域运行机制也能发挥一些作用，并呈现出快速发展态势。促进产业集群的形成与发展，发挥创新研究功能的高校和科研机构等研究型组织成为这一时期的关键因素，美国硅谷产业集群的形成就充分表明了这一特点。政府在加强主体之间的网络建设与合作也发挥着重要作用，而网络关系建设需要企业对相应规则的遵守执行，但容易出现企业沟通不畅、技术保护意识及竞争秩序缺失等诸多问题，可能会提早进入衰退期。因此，仍然应该以政府为管理主体，配合有效的集群运行规则，发挥中介机构的整合作用，协调各主体之间的关系。

（3）成熟阶段的创新网络形成

创新网络是指在特定范围内多元主体参与的、有多种创新资源流动的、开放的创新系统，是创新活动的一种有效组合运作方式。国家高新区内政府是创新网络的建设主体，企业是创新网络的创新主体，高校和科研机构是创新网络的创新源，中介机构是创新网络的主要结点，每一个主体都发挥着不同功能。在创新网络范围内更有利于产业集群的形成，从而减少了交易成本，加大了合作力度，增强了产业竞争力，无论是硅谷、新竹还是班加罗尔等较为成功的科技园区都形成了具有自身特色的创新网络。创新网络内部强调创新主体间的共生性。共生的要素包括共生单元、共生模式和共生环境，即可以理解为创新主体、创新模式和网络环境间的共生性。这一时期政府功能不断被强化，企业与高校和科研机构的合作力度加大，集群内的企业具有发展和自律的双重能力，中介机构的协调管理作用也逐步完善，集群就能够把更多注意力集中在市场。但是真正形成集群发展模式，构成区域内主体的网络关系是很困难的，需要持续保持成熟的发展状态就更困难。因此，这一阶段高新区需要企业在不断增强自主创新能力的同时，需要政府适当介入集群的管理中来，增强中介机构专业的协调服务能力，保持集群的活力。

（4）升级阶段的体制机制改善

国家高新区是政府体制和机制创新的实验区，体制和机制创新也成为高新区发展的强大推动力。机制和体制是国家高新区一把双刃剑，运行机制成熟、完善，机制合理、顺畅，确保了高新区快速发展。否则就成为障碍和干扰。国家高新区在动态的发展过程中，体制机制是一切创新的保证与保障，政府管理应当得到不断优化创新，使创新与发展要素得到优化配置，增强创新活力。在这一时期，在集群内外部各种环境的作用下可能出现集群衰退现象。高新区内更强调各主体之间的关系，需要政府发挥主导作用，进行正确的疏导，强化企业、高校和科研机构、中介机构之间的功能耦合。同时，政府需要再次发挥政策杠杆作用，协调和平衡某些个体对短期利益追求而形成的矛盾，引导和推动集群新的创新活力，进行体制机制改革，进入升级阶段。

1.5.2　基于生命周期的科技园区 PAEI 模型

生命周期理论广泛地运用于经济、政治、社会等多个领域，在这个分析框架下，产生了诸如产品生命周期、组织生命周期、行业生命周期等一系列重要理论。运用定性理论界定企业生命周期阶段最完善的是 Adizes 的 PAEI 分析工具。PAEI 管理角色模型是指在一个成功管理团队中的 4 个关键角色：P（Producer）指业绩创造者，A（Administrator）指行政管理者，E（Entrepreneur）指企业家，I（Integrator）指整合者。模型评估与强调了在一个成功团队中上述 4 个角色的作用与贡献，4 个角色的不同组合形成了企业生命周期不同阶段的特点，成为决定企业处在哪个周期阶段的关键变量。高新区在不同发展阶段，创新侧重点不同，对主体系统功能的要求也不同。借鉴阿迪赛斯（Adizes，2004）提出的 PAEI 分析工具，将 4 个角色与国家高新区创新主体结合起来，并对 4 种要素进行定性模拟和分析。其中 P（Producer）表示区域知识创造者高校和科研机构，A（Administer）表示区域行政管理者政府，E（Entrepreneur）表示区域技术创新主体企业，I（Integrator）表示区域创新的服务协调者，即中介机构。运用生命周期理论，对国家高新区创新主体间的转换进行分析。

PAEI 4 要素的关系及在国家高新区生命周期中的变化规律如图 1 - 5 所

示，箭头方向代表 PAEI 的变化趋势。国家高新区从初创阶段、成长阶段、成熟阶段到衰退阶段的过程，实际上就是这 4 要素从不协调统一到协调统一再到不协调统一的动态过程。国家高新区的生命周期阶段的交替和变化的不确定性决定了必须针对具体特征指标，应用模糊数学的理论和方法，以 PAEI 4 主体要素为国家高新区生命周期阶段识别的指标。按照模糊数学的相关原理，分别建立这些指标在不同周期的隶属函数，并计算和综合各指标在不同模糊区间上的隶属度，根据最大隶属度原则，建立生命周期模糊识别定性模拟模型。

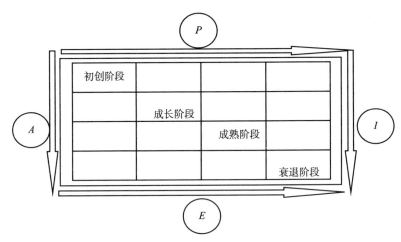

图 1 – 5　PAEI 在国家高新区生命周期中的变化趋势

设高新区生命周期的特征值向量为 $X = (P, A, E, I)$，由于创新主体功能的发挥不是单一的，而是共同作用的，且功能的大小是不确定的，因此将 PAEI 主体要素划分为强、较强、中等、较弱、弱 5 种状态，针对每一种状态构建模糊集合，并采用分段函数来定义隶属度函数。用横坐标轴代表时间，T1、T2、T3 分别代表生命周期的起步期、成长期、成熟期和衰退期之间的分界点，纵坐标代表隶属度，用不同粗细的直线代表主体创新能力的强弱，粗的为强，细的为弱，中间的分别为较强、中、较弱。

（1）构造高校和科研机构的隶属度函数

当国家高新区处于基础设施建设初创阶段，高校和科研机构主要集中在培养人才，与区内企业间合作较少，对区内知识输出功能相对较弱；随着高新区进入要素集聚发展阶段，企业不再拘泥于自身的研发，与高校、科研机构间的合作力度加大。高校和科研机构逐渐成为国家高新区知识传播的中转站，并为区内企业不断输送各种人才，知识产出能力也得到加强；随着高新区发展的成熟，主体间合作关系网络化，形成较为稳定的产学研合作关系；在衰退期，高新区需要继续加大研发投入，因此与高校和科研机构的合作保持不变。高校和科研机构知识产出能力在国家高新区生命周期各阶段的发展趋势如图 1－6 所示。

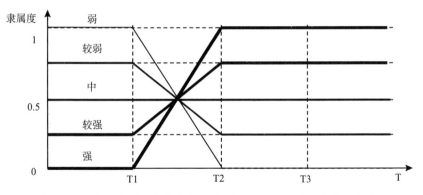

图 1－6 高校和科研机构在国家高新区生命周期阶段中的隶属度

在国家高新区各发展阶段，P 的强度各不相同，隶属度在各阶段也不断变化。以 P 的"强"状态为例，在初创期，高校和科研机构功能较弱，隶属度为 0；在成熟期，产学研合作关系紧密，科研能力强，人才输出大，其行动力强的隶属度为 1；在成长期，对高校和科研机构的需求力度不断加大，高校和科研机构的科研能力则从弱到强变化，隶属度在 ［0，1］波动；在衰退期，高校和科研机构在区内的功能需求不变，隶属度可以理解为 1。同理，P 的隶属度的其他 4 种状态在生命周期的各阶段也表现出不同的变化。

（2）构造政府的隶属度函数

在初创阶段，政府为了大力发展高技术产业，给予国家高新区丰厚的优惠政策，制定了各项规章制度吸引企业进入园区；随着高新区的发展，园区环境逐步复杂化，政策的配套措施开始逐步显现出一些问题，政府的行政能力也难以满足规模和数量不断扩大的企业发展需求，政府功能逐步弱化；随着高新区进入成熟期，区内企业更多依赖自身的发展不断成长，网络创新体系逐步完善，政府的管理能力达到最低点；衰退期，政府的体制与机制在某种程度上甚至可能限制了企业的发展，需要进行升级改造，逐步凸显其功能，否则企业可能走向灭亡。如图 1－7 所示，即为政府行政管理能力 A 在企业生命周期各阶段的发展趋势。

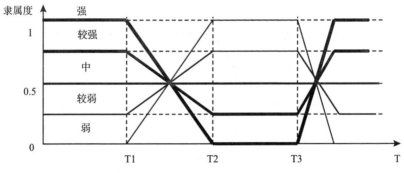

图 1－7　政府在国家高新区生命周期阶段中的隶属度

以 A 的"强"状态为例来分析政府在国家高新区生命周期阶段隶属度的变化。在初创阶段，政府主要功能集中在园区基础设施建设，且环境较为简单，行政管理能力表现较强，即政府属于行政管理能力强的范围，此阶段隶属度为1；在成长期，其他创新主体逐渐壮大，政府主要发挥引导作用，通过市场机制淘汰不利于集群发展或实力较弱的企业，政府隶属度在 ［1，0］ 波动，逐渐减弱；在成熟期，国家高新区创新体系完善，以市场为导向，政府的功能弱化，政府不需要发挥行政管理能力，即在这两个阶段的隶属度为 0；在衰退期，政府再次成为集群管理主体，行政能力强度大，隶属度为 1。同理，A 的其他几种状态在高新区生命周期的各阶段也呈现出不同的变化。

（3）构造企业的隶属函数

在初创阶段，园区内企业数量较少，企业的规模小，R&D 投入有限，技术创新能力相对较弱，但企业家的创新动力足；随着企业的扩大，新的中小企业加入，竞争激励，较多企业专注于短期利益，极少数企业则尤为重视技术创新并在竞争中逐步扩大规模，创新能力达到巅峰，成为高新区内代表性企业；当企业的创新能力减弱或至消失时，企业进入衰退期。企业创新能力 E 在生命周期各阶段的发展趋势如图 1-8 所示。

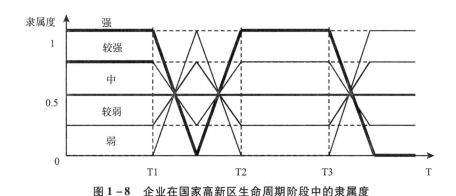

图 1-8　企业在国家高新区生命周期阶段中的隶属度

以 E 的"强"状态为例来说明企业在国家高新区生命周期各阶段隶属度的变化。当国家高新区处于初创阶段，企业创新动力较大，且属于高技术产业，企业的创新能力较强，即可以理解为企业的创新能力属于强的范围，隶属度为 1；当国家高新区在成长期，部分企业淘汰，部分企业逐步壮大，企业的创新能力会经历一个由强到弱、由弱到强的过程，隶属度从 [1, 0] 转变为从 [0, 1] 间波动；在高新区成熟期，企业的创新能力达到顶峰，随着高新区开始衰退，企业创新能力变弱，即理解为企业此时的创新能力强的隶属度为 0。E 的其他几种状态也呈现如图 1-8 所示的不同变化。

（4）构造中介机构的隶属函数

初创阶段，中介机构尚未完善，服务体系的创新能力较弱，主要发挥些简单、单一的服务功能；随着创新环境的不断完善以及政府对中介机构的扶持，中介机构的服务范围逐步扩大，较好地协调了官、产、学、研之间的关系；但随着高新区的不断发展，中介机构逐渐呈现出较多问题。中介机构的整合、协调能力 I 的隶属度函数如图1-9所示。

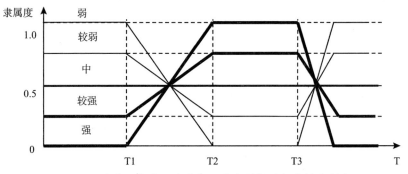

图1-9　中介机构在国家高新区生命周期阶段中的隶属度

以 I 的"强"状态为例来说明中介机构在国家高新区生命周期各阶段隶属度的变化。在国家高新区的初期，中介机构的整合能力非常弱，即中介机构对国家高新区内主体的服务功能不属于强的范围，整合协调强的隶属度为0；在成长期，区域内对整合功能需求加大，中介机构功能得到发挥，隶属度在［0,1］波动；当国家高新区处于成熟期，整合能力达到最大值，此时中介机构协调整合能力强的隶属度为1。I 的其他几种状态在高新区生命周期各阶段也呈现出不同的变化。

1.5.3　不同发展阶段科技园区主体功能转换

分别用 S_1、S_2、S_3、S_4 表示生命周期的各个阶段，即初创期、成长期、成熟期和衰退期，将图 1 - 6 到图 1 - 9 进行综合，可以得到表 1 - 12。

表 1 - 12　　　　　　　　国家高新区各主体阶段性隶属度

主体	隶属度 0	隶属度 (0, 0.5)	隶属度 0.5	隶属度 (0.5, 1)	隶属度 1
P（高校和科研机构）	S_1	S_1、S_2	S_2	S_2、S_3、S_4	S_3、S_4
A（政府）	S_3	S_2、S_3、S_4	S_2、S_4	S_1、S_2、S_4	S_1、S_4
E（企业）	S_1、S_4	S_1、S_2、S_3、S_4	S_2、S_3	S_2、S_3	S_1、S_3
I（中介机构）	S_1、S_4	S_1、S_2、S_4	S_2、S_4	S_2、S_3、S_4	S_3

隶属度的大小说明了国家高新区在不同发展阶段，4 个创新主体功能发挥强度的可能性。设 R 为某一国家高新区，指标 P_i 是用来衡量该国家高新区高校和科研机构知识产出功能强弱的各项因素，A_i 是衡量政府管理功能强弱的各项因素，E_i 是衡量企业技术创新功能的各项因素，I_i 是衡量中介机构的协调功能的各项因素。为了研究问题的方便，仅考虑各项因素在"强"的情况下的隶属度。根据最大隶属度原则，当 $P_i \in (0, 0.5)$ 时，则该国家高新区可能处于初创期和成长期，当 $P_i \in (0.5, 1)$ 时，则该国家高新区处于成熟期和衰退期的可能性比较大，即可以理解高校和科研机构在成熟期和衰退期应发挥较大功能。当 $A_i \in (0, 0.5)$ 时，则该国家高新区可能处于成长期和衰退期，当 $A_i \in (0.5, 1)$ 时，则该国家高新区处于初创期和衰退期的可能性比较大，即可以理解政府在初创期和衰退期应发挥较大功能。当 $E_i \in (0, 0.5)$ 时，则该国家高新区可能处于成长期和成熟期，当 $E_i \in (0.5, 1)$ 时，则该国家高新区处于成长期和成熟期的可能性比较大，即可以理解企业在成长期和成熟期应发挥较大功能。当 $I_i \in (0, 0.5)$ 时，则该国家高新区可能处于成长期和衰退期，当 $I_i \in (0.5, 1)$ 时，则该国家高新区成熟期的可能性比较大，即可以理解中介机构在成熟期应发挥较大功能。如表 1 - 13 所示，各主体在国家高新区生命周期阶段功能各不相同，但仅通过单个变量的衡量，只能说可能性比较大，而不能确切地判断出该国家高新区所处的生命周期阶段，且各

主体功能发挥并不是单一的，而是相互作用的结果，表 1 – 13 仅能相对表明各主体在国家高新区生命周期阶段相对作用与功能的发挥强弱。

表 1 – 13   各主体在国家高新区生命周期阶段性功能分布

项目	初创期	成长期	成熟期	衰退期
P 高校和科研机构			√	√
A 政府	√			√
E 企业		√	√	
I 中介机构			√	

国家高新区应依据其所处生命周期阶段判断各主体功能的发挥，并依据阶段的转变而进行各主体功能之间的转换，同时辅助单一主体功能的发挥。如在成熟期，高校和科研机构的知识产出能力较强，政府应在这一阶段扶持和促进其功能的发挥。在国家高新区创新体系中，政府发挥管理者的角色，提出创新决策；高校和科研机构进行知识创新；中介机构提供专业化的创新服务；3 个创新主体协助企业共同推动技术创新活动的展开。国家高新区创新主体的角色、功能的发挥有先有后，力度有强有弱，在官产学研合力的作用下，国家高新区沿着生命周期的各阶段演进，各主体的协调作用，高新区的运作才能顺畅。国家高新区创新过程既是高新区规模的扩大，又是高新区质量的提高，这两方面相互依赖、相互作用、相互促进，共同构成国家高新区的成长。

第2章

科技园区创新模式竞争优势

2.1 ▶ 科技园区创新能力差异

从 1998 年以来，首个国家级高新区——中关村科技园建立以来，截至 2018 年 2 月 28 日国家高新区达到 168 家。从 2013 年开始，科技部火炬中心和中国高新区研究中心共同研究制定国家高新区创新能力评价指标体系报告，核心内容是形成国家高新区创新能力指数，通过监测指数发展趋势，可直观有效地评估国家高新区整体创新能力的动态变化。国家高新区作为区域内的"经济特区"和"政策试验田"，已成为地方增长极"转方式，调结构"的重要阵地。国家高新区将发挥新产业、新业态、新模式的自主创新重要载体作用，将有更大的经济比重影响城市经济的发展方向。截至 2017 年底，全国 147 家高新区创新能力保持稳定增长，42 家高新区 GDP 占所在城市比重超过 20%，21 家超过 30%，7 家超过 50%。2016 年纳入统计的国家高新区总数达到 147 家（包括苏州工业园区），GDP 总和 8.98 万亿元（1.35 万亿美元），相当于 2016 年国内生产总值的 12.1%。企业研发经费支出 5 544.7 亿元，占国内 R&D 经费支出的 35.8%，新增授权专利超过 26 万件。2016 年，国家高新区企业研发经费投入强度、研发人员密度分别为全国的 1.7 倍和 15.6 倍。而在创新成果产出方面，全国高新区万人授权发明专利、拥有有效发明专利数量分别为全国平均水平的 9.2 倍和 8.8 倍，这表明国家高新区的创新成果效率已经达到国际领先水平。

在对高新区创新文献研究中，国内学者从创新能力、创新效率采用不同的衡量指标和方法，也有学者对高新区不同创新阶段进行识别和评价，较少学者也有从高新区创新实践差距比较分析。通过分析在高新区不同区域创新效率差异的基础上，调整高新区对地区经济作用的文章较少，使得研究成果多停留在实践操作层面。

对高新区创新效率评价集中在采用网络 DEA 评价测算创新投入产出效率，并套用不同其他数学方法进行补充测算，集中在对于因子的选择与测度方法应用上。谢子远（2011）运用数据包络分析法（DEA）对国家高新区技术创新效率进行测算，运用回归分析识别影响技术创新效率的因素，提出科技投入支出强度等 7 个变量，对提高技术创新效率正向作用明显。沙德春（2012）以高新区评价指标体系为研究对象进行设计与研究，将硅谷指数与国家高新区评价指标体系进行对比研究，发现在设计理念、指标内容、体系结构、制定主体及指标功能等方面存在显著差异。颜莉则在投入中引入创新环境变量，提出综合运用主成分因子、DEA 方法测量区域创新效率。郭磊（2011）、樊华（2012）、李梦琦（2016）、代明（2016）采用 DEA 对区域创新效率进行测算，研究把高技术产业创新过程细化为技术开发和技术成果转化阶段，既分别考察子阶段效率又重视系统整体效率，由此两阶段或价值链 DEA 被广泛应用。对此类研究的文章比较侧重于技术创新的因素选择与作用分析上。

对高新区创新阶段的识别与评价，虽然国内学者对于区域创新系统发展阶段的划分存在不同阶段，本质上均体现区域创新系统规模由小到大、创新合作由松散到紧密、创新能力由弱到强、创新水平由低到高的生命周期变化过程，区别在于不同角度的阶段划分。余泳泽从创新价值链视角，认为知识创新、科研创新和产品创新为创新过程的 3 个阶段，并利用 3 阶段 DEA 模型考察不同阶段的创新效率。刘满凤（2016）从应用方法的角度将高新区划分为传统 DEA 模型（BCC 模型）、相似 SFA 模型、调整后的 DEA 模型 3 阶段，通过传统 DEA 模型和 3 阶段 DEA 模型结果对比，在不同阶段的模型结果对比后分析创新效率差异，提出模型的适用区域。

对区域创新差异研究从分析不同区域的创新能力强弱，到影响创新强弱能力的因素如何发挥作用，到不同因素之间相互促进的共生效应，研究的侧重从特点转化为关系。程慧平（2013）基于科技成果的转化过程，以新产品开发项目数、新产品销售收入、发明专利申请量，衡量不同地区 R&D 创新能力，运用基尼系数、Theil 指数、区域分离系数分别测算地区差距。谢子远（2014）从集聚效应角度分析高新区要素集聚效应、人才集聚效应、创新集聚效应、生产力促进效应 4 个维度，试图找出不同要素对区内企业的强弱带动程度。杨浩昌用 2003～2012 年中国制造业省级面板数据，从评价结果对比分析差异性，强调本土市场规模对技术创新能力的影响及地区差异：本土市场规模越大，越有利于技术创新能力的发挥。刘瑞明（2015）采用 1994～2012 年 283 个地级市面板数据，利用双重差分法研究高新区对地区经济发展的作用影响。叶斌等（2016）利用网络 DEA 模型将区域创新网络中的多阶段生产过程模型化，考察区域创新网络的共生效率。

综上所述，国内外专门针对高新区不均衡问题的研究较多，但集中在运用数学方法进行创新方面评价，以 DEA 效率评价为典型，在评价过程和结果中对高新区的差异性，作对比分析发展差异性，或是对高新区集聚效应程度不同的研究，而直接针对高新区发展趋势、高新区之间关系或差异性的研究较少。在区域经济的研究中，通常采用测量方法或极化指数研究区域发展的差异性或不均衡性。前者较多以基尼系数、变异系数、泰尔熵指数为代表，测量与整体评价水平的偏离程度进行分析，后者较多以 ER 指数、TW 指数、KZ 指数测度区域成员间的集聚问题。高新区创新效率对经济发展的推动呈现不同的规律，最终的研究也应立足于对区域创新差异，通过对其合理布局，有助于缩小地区间经济发展差距。因此，在采用 DEA 对我国高新区创新效率评价的基础上，采用基尼系数和泰尔熵指数对近几年国家高新区创新效率差异进行补充分析，旨在测量不同区域的差异性和变化趋势。

高新区创新效率对经济发展的推动呈现不同的规律，应立足于对区域创新差异，通过对其合理布局，有助于缩小地区间的经济发展差距。因此，在采用 DEA 方法对我国高新区创新效率评价的基础上，采用基尼系数和泰尔熵指数对近几年国家高新区创新效率差异进行补充分析，旨在测量不同区域的差异性和变化趋势。

参数分析法和非参数分析法是测量效率的两类主要方法，在 DEA 测量时受较少约束，同时便于计算多投入多产出，故运用 DEA 衡量高新区投入产出效率，从而为政府部门制定不同区域创新能力政策制度提供参考，为企业发展提供决策依据。基尼系数能有效地反映高新区创新效率差距程度，熵指数则能较好地衡量组内差距和组间差距对总差距的贡献。同时，泰尔熵指数和基尼系数之间具有一定的互补性，泰尔熵指数对上层分位水平的变化较灵敏，基尼系数对中等分位水平特别敏感。由此分析造成高新区潜在创新能力差异、区域集聚和区域带动能力差异的主要原因。

2.1.1 基于 DEA 的科技园区创新效率

（1）DEA 模型

DEA 投入产出相对效率值，简称效率指数。CCR 模型可以对决策单元投入规模的有效性和技术有效性同时进行评价，CCR 模型中的 DEA 有效的决策单元，表明规模适当的同时技术管理水平高。

$$h_i = \frac{u^T y_j}{v^T x_i} = \sum_{r=1}^{s} u_r y_{rj} / \sum_{i=1}^{m} v_i x_{ij}, \quad j = 1, 2, \cdots, n \qquad (2-1)$$

公式（2-1）中，v 为输入，u 为输出。u^T 为第 t 种类型输出的一种度量（权）。x_i 是高新区创新活动中的科技活动经费支出、科技活动人员或年末资产投入量，y_j 为技术收入、出口创汇或工业总产值输出量，j 代表第 j 个决策单元。CCR 的线性规划模型（2-2）为：

$$\min\theta \text{ s. t. } \begin{cases} \sum_{j=1}^{n} \lambda_j x_j \leqslant \theta x_0 \\ \sum_{j=1}^{n} \lambda_j y_j \geqslant y_0 \\ \lambda_j \geqslant 0 \end{cases} \text{，其中 } \theta \text{ 无约束} \qquad (2-2)$$

选取 R&D 经费、科技人员，科技活动经费支出、年末资产 4 项指标作为创新投入，技术收入、出口创汇、工业总产值 3 项指标作为创新产出，测算高新技术创新效率。通过纯技术效率和规模效率两维度，区分影响高新区技术创新不均衡的主要因素。

（2）指标选取与数据来源

国内学者运用网络 DEA 技术进行技术创新效率评价的研究起步较晚，至 2010 年起相关的研究才开始出现，集中在对企业、产业、区域和阶段 4 个方面创新效率进行测算。这些研究文献为评价创新效率提供了有益的借鉴基础，但也存在一定的局限性，即对运行效率分析尚未有共识和体系化的评判标准。

高新区创新是一个多要素投入、多产出的动态复杂系统，国内学者在高新区发展效率指标选择上并无统一标准。从效益竞争、国际竞争、技术创新 3 个维度选取指标：在投入指标上选择科技活动人员、R&D 经费、科技活动经费和年末资产项；在经济环境变量中选择反映城市整体经济发展水平的人均 GDP、经济开放程度的外商直接投资两项指标；在产出指标上选择代表国家高新区技术创新情况的技术性收入、反映国际竞争力的出口创汇，以及反映企业总体生产运作效率的工业总产值 3 项指标，如图 2-1 所示。以创新服务中心，大学科技园以及众创空间为知识溢出环境。

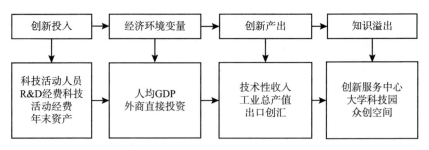

图 2 - 1　国家高新区创新效率投入产出流程

选取 2011~2016 年国家高新区 6 年统计数据。在面板数据中，国家高新区 2009 年是 56 + 1 的格局，2014 年全国拥有 115 + 1 家国家高新区，2015 年、2016 年为 146 + 1 家国家高新区。创新投入、创新产出变量的数据均来源于《中国火炬统计年鉴》（2015~2016），人均 GDP、外商直接投资的数据来源于各高新区所在《中国城市统计年鉴》（2011~2016）。

为了消除各区域经济发展的不均衡性，使用 GDP 对技术性收入和工业总产值的名义值进行平减，用外商直接投资对出口创汇名义值进行平减，取真实值。由于西藏 R&D 投入非常小且少数年份数据缺失，因此没包含在研究样本内。借鉴《中国火炬统计年鉴》，将全国划分为东部、中部、西部以及东北四大经济板块，故样本容量 $n = 30$。我国三大经济区域按东部地区 10 个省市，中部地区 6 个省市，西部地区 11 个省市，东北 3 个省市来划分。其中，东部地区包括北京、天津、河北、上海、江苏、浙江、福建、山东、广东和海南 10 个省、自治区、直辖市，中部地区包括山西、安徽、江西、河南、湖北、湖南 6 个省市，西部地区包括内蒙古、广西、重庆、四川、贵州、云南、西藏、陕西、甘肃、宁夏、青海、新疆 12 个省区市，东北地区包括辽宁、吉林和黑龙江 3 个省。

（3）基于 DEA 的国家高新区创新效率分析

选择投入导向的 BCC（规模报酬可变）模型作为分析模型，利用 DEAP2.1 软件对 2015 年、2016 年我国 146 家国家高新区的投入产出数据进行处理运算，得到综合技术效率值、纯技术效率值和规模效率值的结果，按照效率值为 1 者为技术有效，其中效率值 0.8~1 者为高效率，效率值 0.5~0.8 者为中效率，效率值小于 0.5 者为低效率进行整理，如表 2-1 所示：

表 2-1　　　　　　各省域技术效率、纯技术效率和规模效率

高新区数量	2015 年国家高新区（146 家）				2016 年国家高新区（146 家）			
省域	综合效率	纯技术效率	规模效率	规模收益	综合效率	纯技术效率	规模效率	规模收益
北京中关村	0.427	1	0.427	drs	1	1	1	—
天津滨海	0.601	0.666	0.903	drs	0.739	0.742	0.997	drs
河北	0.54	0.55	0.983	drs	0.715	0.722	0.990	drs
上海	0.549	0.843	0.651	drs	0.675	0.708	0.953	drs
江苏	0.851	1	0.851	drs	1	1	1	—
浙江	0.46	0.859	0.536	drs	0.877	0.877	1	—
福建	1	1	1	—	1	1	1	—
山东	0.719	0.988	0.728	drs	0.966	1	0.966	drs
广东	0.742	1	0.742	drs	0.974	1	0.974	drs
海南	0.604	0.608	0.993	drs	0.847	0.922	0.919	drs
河南	1	1	1	—	1	1	1	—
湖北	0.775	1	0.775	drs	1	1	1	—
山西	0.469	0.62	0.757	drs	0.699	0.878	0.795	drs
湖南	0.711	0.817	0.871	drs	0.740	0.877	0.844	drs
安徽	0.562	0.662	0.85	drs	0.751	0.759	0.990	drs
江西	1	1	1	—	0.975	1	0.975	drs
广西	0.661	0.852	0.776	drs	0.912	1	0.912	drs
重庆	0.737	0.746	0.988	irs	0.887	0.888	0.999	irs
四川	0.764	1	0.764	drs	1	1	1	—
贵州	0.438	0.691	0.634	drs	0.769	0.849	0.906	drs
云南	0.78	1	0.78	drs	1	1	1	—

高新区数量	2015年国家高新区（146家）				2016年国家高新区（146家）			
省域	综合效率	纯技术效率	规模效率	规模收益	综合效率	纯技术效率	规模效率	规模收益
陕西	0.481	0.806	0.597	drs	0.677	0.758	0.894	drs
甘肃	0.98	1	0.98	drs	0.761	0.792	0.961	drs
青海	1	1	1	—	1	1	1	—
宁夏	1	1	1	—	1	1	1	—
内蒙古	0.594	0.655	0.906	drs	0.700	0.739	0.946	drs
新疆	0.562	0.685	0.82	drs	0.890	0.901	0.988	irs
辽宁	0.666	0.77	0.866	drs	1	1	1	—
吉林	1	1	1	—	1	1	1	—
黑龙江	0.647	0.661	0.978	drs	1	1	1	—
效率均值	0.711	0.849	0.839	—	0.885	0.914	0.967	—

不考虑外部环境因素和随机因素的影响，国家高新区创新能力2015年平均综合技术效率为0.711，规模效率值为0.839，纯技术效率值为0.849，均低于2016年各项效率值。2015年14个省域综合效率高于平均水平，6个省域综合效率和纯技术效率为1，13个省域纯技术有效，北京中关村的综合效率最低，仅0.427，纯技术有效。2016年18个省域综合效率高于效率均值，12个省域各效率值均有效，上海综合效率最低，仅0.675。纯技术效率（vrste）是制度和管理水平带来的效率，是企业由于管理和技术等因素影响的生产效率，即其规模效率表现较弱。纯技术效率等于1，表示在当前的技术水平上，其投入资源的使用是有效率的。规模效率（scale）是指在制度和管理水平一定的前提下，现有规模与最优规模之间的差异。规模效率是由于企业规模因素影响的生产效率，反映的是实际规模与最优生产规模的差距。2015年仅重庆规模效益递增，2016年重庆、新疆规模效益均递增。纯技术效率衡量的是以既定投入资源提供相

应产出或服务的能力，这意味着国家高新区的规模效率大于纯技术效率，说明高新区中技术效率中规模因素占主导作用，且其现有规模与最优规模之间没有较大差异，但仍可以缩减规模。技术因素则排后，即在当前的技术水平上，其创新投入的资源使用效率仍有待提高。国家高新区 2015 年和 2016 年数量保持不变，各省域国家高新区各项效率均有上升，仅江西、甘肃综合效率降低。国家高新区在规模上升的同时，技术效率也在逐步提升。

样本单元纯技术效率为 1 的省域由 2015 年的 13 个省域，增加到 2016 年的 16 个省域。2015 年北京中关村、江苏、广东、湖北、四川和甘肃规模效率小于 1，这说明相对样本单元技术效率而言，没有投入需要减少、没有产出需要增加，而 2016 年北京中关村、江苏、湖北、四川规模效率为 1。2016 年山东、广东、江西、广西国家高新区综合效率略小于 1，表明这些省份国家高新区规模和投入、产出不相匹配，没有在规模范围内充分发挥其规模效益，因此建设的重点在于发挥其规模效益，且这些省份均为规模效益递减，故均属于应当减少规模投入，使其与产出相匹配。

2.1.2　基于基尼系数的科技园区创新差距

基尼系数可用于测定分组变量数列的离散程度，计算方法较多，通过选择简易测定法。若将全部高新区或高新区所在省份按其收入分成 5 个部分，则基尼系数的简易如公式（2 - 3）所示：

$$g = P_5 - P_1 \qquad\qquad (2-3)$$

公式（2 - 3）中，g 代表基尼系数，P_5、P_1 分别代表五分法中技术性收入、出口创汇或工业总产值最高的高新区所在省份所占份额的比重与最低的那组省份份额的比重之差。

采用基尼系数方法将 30 个省市的国家高新区分别按照工业总产值、出口创汇和技术收入从低到高排序，将其划分为 6 个组，每组 5 个高新区，测算得到的各地区创新能力的技术收入、工业总产值和出口创汇差异结果，见表2-2。分组基尼系数中工业总产值的取值区间2015年为[0.048，0.359]，2016年缩小为[0.052，0.354]；出口创汇区间2015年为[0.094，0.313]，2016年扩大为[0.077，0.310]；技术收入区间2015年为[0.087，0.511]，2016年扩大为[0.090，0.682]，反映出比重较大或较小的分组的基尼系数较大，创新产出能力较悬殊；分组靠中间省份的国家高新区创新能力相当，但其自身的进步只能维持强省份进步的空间。按照等分分组，在分组省份所占百分比中，2015年出口创汇最高，达到57.57%，工业总产值最低，但也达到43.61%；2016年技术收入最高，达到62.71%。这进一步反映了3项创新产出指标的收入差距悬殊，排名靠前的高新区创新产出能力较排名靠后的高新区具有明显优势，两极分化的现象突出。2016年146个国家高新区各维度极化效应均高于2015年146个国家高新区。

表2-2　　　2015~2016年工业总产值、出口创汇和技术收入分组基尼系数

	2015年分组省份所占百分比（%）						2016年分组省份所占百分比（%）					
工业总产值	1.61	5.12	10.90	16.04	22.72	43.61	1.58	5.06	9.88	16.79	22.67	44.03
	2015年分组省份基尼系数						2016年分组省份基尼系数					
	0.359	0.088	0.098	0.048	0.052	0.144	0.354	0.112	0.109	0.052	0.052	0.145
	2015年分组省份所占百分比（%）						2016年分组省份所占百分比（%）					
出口创汇	0.33	1.01	5.17	12.92	23.00	57.57	0.24	0.84	5.41	11.67	23.77	58.07
	2015年分组省份基尼系数						2016年分组省份基尼系数					
	0.313	0.215	0.180	0.094	0.097	0.227	0.263	0.310	0.197	0.150	0.077	0.257
	2015年分组省份所占百分比（%）						2016年分组省份所占百分比（%）					
技术收入	0.75	3.00	7.17	12.33	19.92	56.82	0.44	2.37	5.20	9.39	19.89	62.71
	2015年分组省份基尼系数						2016年分组省份基尼系数					
	0.511	0.173	0.101	0.090	0.087	0.382	0.682	0.095	0.136	0.090	0.112	0.360

工业总产值能反映高新区的总体发展，出口创汇能反映高新区的国际竞争力，技术收入能反映高新区的技术创新，按照区域进行分组的基尼系

数计算如表 2 - 3 所示。2015 年最低为东北地区工业总产值基尼系数
0.201，最高为中部出口创汇基尼系数达到 0.469。2016 年最低为东部工
业总产值基尼系数 0.225，最高为中部技术收入基尼系数达到 0.609。整
体表现出不同区域国家高新区创新产出水平悬殊较大，相对而言在技术收
入的产出上差距均表现较为明显，中部在 3 项指标上均表现出较大的差距
性。2015 ~ 2016 年，四大板块 146 个国家高新区的技术收入极化效应增
强，工业总产值、出口创汇极化效应减弱。

表 2 - 3　2015 ~ 2016 年工业总产值、出口创汇和技术收入分区域基尼系数

极化维度	4 个板块	2015 年 146 个国家高新区				2016 年 146 个国家高新区			
		东部	中部	西部	东北	东部	中部	西部	东北
工业总产值	分区比重	50.60%	23.25%	17.54%	8.62%	51.75%	23.62%	17.57%	7.06%
	基尼系数	0.222	0.310	0.289	0.201	0.225	0.304	0.304	0.302
出口创汇	分区比重	66.17%	20.34%	9.66%	3.83%	68.19%	18.15%	10.34%	3.33%
	基尼系数	0.292	0.469	0.404	0.465	0.307	0.397	0.421	0.372
技术收入	分区比重	60.84%	19.83%	14.01%	5.32%	64.32%	17.43%	13.06%	5.18%
	基尼系数	0.440	0.412	0.326	0.311	0.437	0.609	0.366	0.309

2.1.3　基于泰尔熵指数的科技园区创新差距

泰尔熵指数是利用信息理论中的熵概念来计算收入不平等，是常用来
衡量地区间不平等度的指标。为了区分高新区均衡性和横向均衡性的变化
情况，选择用泰尔熵指数的负数来作为度量均衡化的指标，其计算如公式
（2 - 4）所示：

$$T = \sum_{k=1}^{n} \frac{1}{N} \ln\left(\frac{u}{x_k}\right) \qquad (2-4)$$

并将创新能力差异分解为同一区域不同高新区间差异和不同区域间高
新区差异，计算分别如公式（2 - 5）、公式（2 - 6）所示：

$$T_w = \sum_{k=1}^{m} W_k T(x_k) = \sum_{k=1}^{m} \frac{n_k}{n} T(x_k) \qquad (2-5)$$

$$T_b = T - T_w = T - \sum_{k=1}^{m} W_k T(x_k) = \sum_{k=1}^{m} \frac{n_k}{n} \ln \frac{u}{u_k} \qquad (2-6)$$

其中，T 为泰尔指数，代表全国高新区创新效率差异；x_k 指第 k 个高新区技术收入、工业总产值或出口创汇，N 为高新区个数，u 为所有高新区的平均值。W_k 为第 k 组内高新区个数占所有高新区数量的比值，$T(x_k)$ 是第 k 组内泰尔系数，u_k 为第 k 组高新区平均值，T_w、T_b 分别代表省内差距与不同省份间高新区差距。当泰尔指数值较大时，反映了高新区创新效率省内或省间差异越大；泰尔指数值相对较小时，反映高新区创新效率相对均衡。

泰尔熵指数和基尼系数之间具有一定的互补性。基尼系数对中等收入水平变化特别敏感。泰尔熵 T 指数对上层收入水平变化很明显，而泰尔熵 L 和 V 指数对底层收入水平变化敏感。通过公式（2-4）、公式（2-5）、公式（2-6），计算工业总产值、出口创汇和技术收入衡量的创新效率 Theil 指数值。

通过表 2-4 可得，在 2011~2016 年，以工业总产值衡量的效益能力、以出口创汇反映了国际竞争能力、以技术收入反映的创新能力，三者衡量的国家高新区总体创新能力，地区内差距对总的泰尔指数贡献率分别为 75.15%，54.01%，62.78%。由此可见，反映规模效益能力、国际竞争能力、创新能力的 3 项指标差异主要来自地区内的差距，而以工业总产值为代表的规模效益能力的差异表现尤为突出。

表 2-4　　　　　　　　2011~2016 年创新能力 Theil 指数分解

年份	工业总产值			出口创汇			技术收入		
	区域内	区域间	Theil 指数	区域内	区域间	Theil 指数	区域内	区域间	Theil 指数
2011	0.054	0.024	0.078	0.324	0.311	0.634	0.177	0.094	0.271
2012	0.048	0.019	0.067	0.295	0.292	0.587	0.159	0.105	0.264
2013	0.057	0.023	0.081	0.285	0.277	0.562	0.132	0.073	0.205

续表

年份	工业总产值			出口创汇			技术收入		
	区域内	区域间	Theil 指数	区域内	区域间	Theil 指数	区域内	区域间	Theil 指数
2014	0.054	0.020	0.074	0.260	0.240	0.500	0.061	0.142	0.203
2015	0.067	0.016	0.083	0.250	0.156	0.406	0.178	0.026	0.204
2016	0.098	0.022	0.120	0.275	0.163	0.438	0.197	0.097	0.293
均值	0.063	0.021	0.084	0.282	0.240	0.521	0.151	0.090	0.240

工业总产值：2012 年泰尔指数值最小为 0.067，2016 年最高达到 0.12，2011～2016 年，该项指标的泰尔指数呈现小幅度波动上升的趋势。出口创汇：2011 年泰尔指数值最高为 0.634，2015 年最小为 0.406，相当于 2011 年泰尔指数值的 64%，指数呈现稳定下降趋势，说明在此期间国家高新区出口创汇能力差距在缩小。2016 年以西安、中关村、深圳等为代表的国家高新区的从业人员中本科及以上学历人员占比，均较硅谷地区居住人口中本科及以上学历人员占比高出 1.0 个百分点以上。但与国际先进园区相比，国家高新区吸引和凝聚国际人才的能力需要进一步增强。技术收入：2014 年泰尔指数最低仅 0.203，但 2016 年最高为 0.293，2011～2014 年表现出平稳下降的趋势，但 2016 年比 2015 年上升 43.6 个百分点。

金融危机后国家高新区统计数量从 2009～2014 年逐年增加，由 56 家上升到 115 家。国家高新区数量差异影响规模比较，但 2015 年、2016 年国家高新区统计数量均为 146 家，通过 2015～2016 年国家高新区创新效率测算结果可知，国家高新区中规模因素起主导作用，技术其次，即整体表现出高新区现有规模与最优规模之间无较大差异，且有较大技术投入力度，但技术资源的利用效率不高。运用 DEA 方法分别以投入：R&D 经费、科技人员、科技活动经费支出，产出：工业总产值、出口创汇、技术收入，测算高新技术创新效率。采用基尼系数（GINI）、广义熵指数（GEM）测量分析了国家高新区创新区域差距。结果显示：国家高新区的技术效率中规模因素占主导作用，创新能力较弱和较强地区创新效率差异明显，且技术收入表现作用突出。四大板块区域内，工业总产值为代表的规模效益能力的差异表现尤为突出，且出口创汇和技术收入差异的贡献率均超过54%。

发展较弱地区的3项产出指标均表现出极不均衡的分布，西部、中部以及东北地区的出口创汇表现出较大差异，4个板块中地区内的差异表现较为突出。东部地区经济发展水平较高，对创新投入的力度较大，可以运用"马太效应"来分析其投入的科技活动人员、R&D经费、科技活动经费、年末资产等均较大，且集聚效应较为明显，故其产出效率较高。从整体而言，地区内、地区间的差异均表现出缩小的趋势。建议：（1）对于具有创新能力的高新区，国家应加强创新政策扶持，从实质上提升其创新能力，优化创新创业的体制机制环境，突出有影响力的高新技术企业集群作用，打造全球高端创新创业人才集聚的国家级人才特区，强调理论基础研究与技术突破的作用，而非从规模基数上加大投入力度。重点挖掘中西部地区的潜在创新能力，充分利用地理优势，协同发展。（2）各区域省份应根据高新区资源配置现状优化投入结构和区域配置，在重点打造示范园区的同时，加强地区内各高新区间的合作与协调发展，通过创新服务中心、大学科技园以及众创空间等技术溢出效应，实现创新能力较弱的高新区与较强的高新区的对接。

2.2 ▶ 产业竞争优势功能障碍

2.2.1 国家高新区产业发展阶段

1984年《关于迎接新技术革命挑战和机遇的对策》的报告明确提出，要制定新技术园区和企业孵化器的政策；1985年3月《中共中央、国务

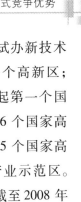

院关于科技体制改革的决定》，明确指出，要在有条件的城市试办新技术园区；1985 年 7 月中国科学院与深圳市政府兴办了中国第一个高新区；1988 年 5 月在中关村电子一条街的基础上，国务院批准建立起第一个国家高新区——北京新技术产业开发试验区；1991 年批准建立 26 个国家高新区并制定全国适用的扶持政策；1992 年国务院又批准建立 25 个国家高新区。1997 年 6 月国务院特别批准建立杨凌农业高新技术产业示范区。2006 年 1 月国务院批准宁波省级高新区升格为国家级高新区。截至 2008 年 54 个国家高新区的面积（以高新区批准时间的面积为准）达 4 738.08km² 。2009 年为应对金融危机，国务院又新批准湘潭、泰州两个省级高新区升级为国家级高新区。截至 2010 年底，国务院已正式批复 17 个省级高新区正式升级为国家高新技术产业开发区，将享受现行的国家高新技术产业开发区政策，国家高新区共有 73 个。2021 年国家高新区总量已达到 169 个，国家自主创新示范区达到 21 个。

（1）政府引导阶段——区域创新为主（1988～2000 年）

国家高新区是在国家政策引导下诞生的，国家在科技投入、税收激励、金融支持、政府采购、引进消化吸收再创新、创造和保护知识产权、人才队伍等多方面对国家高新区发展进行引导。在国家优惠的政策条件下，自 1991 年建立以来，国家高新区的优越性得以充分显现。超常的发展速度：按 53 个国家高新区统计，2000 年技工贸总收入达到 9 209 亿元，是 1991 年的 105 倍，平均增长率为 67.8%；是 1995 年的 6 倍，平均增长率为 43.2%。巨大的经济效益：2000 年利税总额是 1991 年的 88.8 倍，达到 1 057 亿元；人均工业产值为 31.6 万元，是 2000 年全国平均值的 10 倍多。突出的社会效益：在高新区内创造了 251 万个就业岗位，拉动区外就业人数为直接就业人数的 5 倍。高新区工业增加值占所在城市的比重迅速提高。1999 年，苏州占 46%、吉林 39%、绵阳 31%、北京 27%、南京 27%、西安 22%、武汉 21%，有效地改变着当地的产业结构。大批高新技术企业迅速成长：截至 2000 年底共有高新技术企业达 2.1 万家，其中技工贸总收入亿元以上的达 1 252 家，过 10 亿元的 143 家，百亿元以上的6家。聚集了大批科技产业化人才：至2000年底高新区内大专以上科技人员83万人，其中硕士近5.2万名，博士9 000多名，吸引留学归国人员9 700名。同年国家高新区电子信息、生物、新材料、新能源、环境保护、光机电一体化6个技术领域的产品产值，占高新区工业总产值的73%。在出口创汇方面，2000年高新区高新技术产品出口创汇达185.8亿美元，产品出口额占当年总产值的20%。

中关村起源于20世纪80年代初的"电子一条街"。1988年5月，国务院批准中关村科技园区为中国第一个国家级高新技术产业开发区。1988～2000年，中关村主要经济指标呈现快速增长，总收入增长幅度最为明显，且相对于上缴税额、出口创汇及高新技术企业数量均较为平稳，如图2－2所示。出口创汇与高新技术企业数量波动幅度均较大，出口创汇最高增长率达200%，最低仅8.70%；高新技术企业数量增长率最高为105.29%，是最低1997年的1.09%。

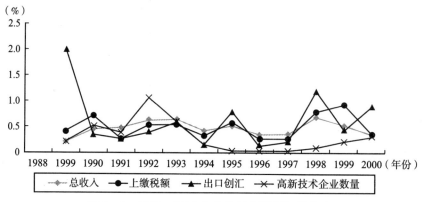

图2－2　1988～2000年中关村主要指标增长率

（2）多主体参与阶段——产业创新为主（2001～2008年）

国家高新区经过多年的发展，已经集聚了大量的创新资源，成为了地方、区域甚至国家的经济增长点，但在多主体仅参与但合作力度不足的创新环境下仍然存在比较优势弱化、过度注重依靠优惠政策招商引资、重视经济扩张而技术创新能力不足等问题。针对这些情况，2001 年 9 月在全国高新区武汉会议上，国家科技部提出了我国国家高新区要进行"二次创业"的思路。2005 年温家宝总理又明确指出：当前，国家高新技术开发区建设正步入一个新的阶段，面临着以增强自主创新能力为重点的第二次创业。

国家高新区在经历了一次创业的基础上，二次创业阶段得到了迅猛的发展。政府的引导作用仍然明显，但企业的作用也逐步显现。高新园区内大型高新技术企业开始出现，并以大企业、大项目为龙头，积聚了一批配套关联企业，以这些企业为重心，逐步形成高新区稳定的主导产业和较为完整的上游、中游、下游结构特征的产业链。在创新主体的带动下，高新区支柱产业地位逐步凸显，主导产业功能不断得到强化，产业链成为园区的主要增值手段。

这一阶段，高新区各项经济指标均呈现上升趋势，R&D 机构也得到了发展。2008 年高新区内企业用于科技活动筹集到的资金总额已达到 2 620.9 亿元，企业 R&D 经费支出占高新区园区生产总值的比重为 7.9%，同比增长 14.9%，继续保持自 2001 年以来连续增长的势头。但企业技术仍以引入为主，经济结构对龙头企业依赖度较高。产品销售收入在 500 万元以上的规模工业企业有 16 283 家，占到高新区企业总数的 30.9%。这些企业实现的营业总收入、工业增加值、实现利润、上缴税额、出口创汇分别占高新区对应总量的 77.3%、92.9%、69.6%、76.5%、95.7%。其中，出口额超亿美元的企业有 279 家，比 2007 年增加 26 家。规模以上的企业成为这一阶段高新区的主要经济增长点。

（3）主体融合阶段——特色园区示范为主（2009 年自主创新示范区）

高新区"一次创业"的理论内涵是高新区实现从"要素空间集聚"到"主导产业强化"阶段的发展目标；"二次创业"则是指高新区从"主导产业强化"阶段迈向"创新生态演进"阶段，并最终建立创新生态系统的过程。在经历了主导产业壮大的产业发展阶段，产学研合作进一步深化，各园区的特色开始显现，改变了多创新主体参与的局面，多主体间趋向融合。

2009 年中关村批复为第一个国家自主创新示范区。中关村拓宽园区内各类创新主体的合作接口，建立政、产、学、研、金等多向度关联网络。2009 年，中关村的产业技术联盟达到 46 家，长风软件、TD‒SCDMA 等 3 家联盟纳入科技部产业技术创新战略联盟试点，企业承担国家重大专项 129 项。同年 11 月，由中关村物联网产业链上下游具有优势的 40 多家企业和机构共同发起组建的中关村物联网产业联盟在北京宣告成立。

2009 年 12 月，东湖高新区成为第二家国家自主创新示范区。2010 年成为全国第一家"国家知识产权示范园区"，自 2006 年 11 月正式启动建设以来，其专利申请量以年均 32% 的速度增长，2007～2009 年累计申请专利 12 520 件，占武汉市同期专利申请总量的 35.9%。产学研结合使武汉东湖高新区科技资源优势得以显现，园内的华工科技被誉为"武汉名片"。

2011 年 1 月 19 日，经国务院批准同意，上海张江高新技术产业开发区成为国家自主创新示范区，是继北京中关村、武汉东湖之后批准的第三家国家自主创新示范区。张江新区形成了集成电路、软件开发、生物医药、通信设备制造等特色产业，在国内外市场上形成了较强的竞争力。高技术产业产值占上海市的 60% 以上，吸引了 184 个世界 500 强企业入驻，聚集了研发机构 800 余家、企业近万家，其中 300 多个是外资研发机构，形成了良好的自主创新生态环境。

在这一阶段，高新区以需求为导向，以增强自主创新能力和产业核心竞争力为主线，以建设国家创新型科技园区为契机，多措并举打造产学研合作创新体系。通过政策引导，搭建产学研合作平台，优化合作创新环境，使我国高新区逐步与国际高新区接轨。

2.2.2　竞争优势功能障碍

（1）整体功能定位的异化

我国高新区发展的模式更多是一种区域政策的推动，而非国家产业政策的结果。国家高新区的数量在逐年增多，大部分已形成相当的规模，有的已经成为高技术产业发展的重要基地，而国家高新区的平均质量水平则不尽如人意。在宏观调控方面，政府制定了一系列的政策和措施，但对国家高新区及高技术产业的发展调控政策较为松散，大大影响了调控力度；在创新主体协调方面存在企业在创新的核心地位上不明确，企业对创新的认识还有偏差，政府的扶持力度不够，产学研合作机制不完善等问题；在服务功能方面还有缺位。中西部园区基础设施建设力度不够，中介服务功能尚不健全，政府尚未完全退出中介服务领域问题。主要表现在以下三个方面：

①R&D 经费投入低，创新能力差。

R&D 活动是高新区和高科技产业发展的重要推动力，是衡量国家高新区创新能力的重要指标。较高的 R&D 投入才能确保较强的产品竞争力。国家高新区研究经费逐年呈上升趋势，2007 年后，研发经费投入增长率下降较为明显，如表 2-5 所示。按照 1994 年 OECD 定义高新区研发投入强度大于 7.1% 的属于高技术产业、超过 2.7% 的为中技术产业、2.7% 以下为低技术产业的标准，我国国家高新区的整体水平仍处于低技术产业阶段，研发功能和创新能力还不强，R&D 投入不足的问题仍然严重。

表 2-5　　　2002~2008 年国家高新区 R&D 投入强度及年度增长率

	项目	2002 年	2003 年	2004 年	2005 年	2006 年	2007 年	2008 年
A	R&D 投入（亿元）	314.5	415.9	574.2	806.2	1 054	1 348.8	1 658.2
B	营业总收入（亿元）	15 299	20 933	27 466	34 416	43 320	54 925	65 986
C	R&D 投入年度增长率（%）	—	32.2	38.1	40.4	30.7	28.0	22.9
D	园区人均 R&D 经费（万元）	0.9	1.1	1.3	1.5	1.8	2.1	2.3
A/B	研发投入强度（%）	2.1	2.0	2.1	2.3	2.4	2.5	2.5

政府在国家高新区创新体系中的主要功能是营造良好的创新环境，然而在发展过程中，政府更多偏向于对高新区基础设施的建设，而忽略了对

网络创新的软环境建设，导致功能异化。

②三资企业比重大，制度缺乏灵活性。

2008 年高新区累计外商合同投资额为 1 582.5 亿美元，外商实际投资达到 158.1 亿美元，占到全国全部外商投资额的 17.1%，年末累计实际投资额为 978.8 亿美元。2006 年高新园区三资企业有 6 968 家，增长了11.2%。表 2-6 是国家高新区从建立之初到 2009 年三资企业对高新区发展的贡献度。其中，营业总收入贡献度 = 外商投资企业营业总收入/国家高新区营业总收入，生产贡献度 = 外商投资企业工业总产值/国家高新区工业总产值，三资企业综合贡献度指数 =（营业总收入贡献度 + 生产贡献度 + 出口贡献度）/3。

表 2-6 　　　　　　　　三资企业对国家高新园区发展的贡献度 　　　　单位：%

年份	营业总收入贡献度	生产贡献度	出口贡献度	三资企业综合贡献指数
1991	12.60	16.01	16.67	—
1992	0.44	0.43	9.76	2.82
1993	19.33	23.71	61.11	33.05
1994	24.71	27.55	64.57	37.08
1995	27.18	30.68	67.01	39.54
1996	31.35	36.37	73.72	44.63
1997	31.85	34.54	77.31	45.13
1998	33.29	37.23	72.23	45.16
1999	36.41	41.72	76.07	48.77
2000	41.97	46.42	79.40	53.67
2001	42.21	46.16	78.87	53.53
2002	40.57	43.79	77.79	51.77
2003	42.21	44.86	81.85	53.60
2004	45.94	48.64	84.35	87.02

续表

年份	营业总收入贡献度	生产贡献度	出口贡献度	三资企业综合贡献指数
2005	45.21	49.37	84.74	59.30
2006	45.58	48.57	83.23	59.13
2007	44.08	47.20	79.35	56.88
2008	40.29	42.66	79.61	54.19
2009	37.28	39.68	70.35	49.10

国家高新区过多注重实施优惠政策，引进国外大企业或国内大企业进驻，而忽略了区内中小企业的成长与创新，发展的动力属于"外溢"技术的"非核心技术"，导致自主创新能力提高困难和缓慢的问题；产权制度改革步履维艰，形成大学和研究机构科技成果转化率低等问题。

③配套机制不完善，服务功能弱。

孵化器建设滞后。截至 2008 年我国科技型企业孵化器数量为 548 家，居世界第二，仅次于美国。孵化器在由政府投资建立为主向社会多元化转变过程中，存在诸如中西部企业孵化器较少，主要集中在东部经济发展迅速的高新区，导致分布不平衡；服务软环境建设不到位，孵化功能不强的问题；政府管理人员缺乏对企业实际情况和文化的深度了解而导致管理功能发挥较弱，以及市场化程度不高的问题；政策功能发挥滞后和不够完善，后续资金不足等问题。

风险投资体系薄弱。国家高新区内中小企业的比重约为 50%，我国风险投资体系大都具有政府背景，缺乏市场运作机制、资金来源单一等系列问题，抑制了中小企业创新的活力。我国的风险投资机构则存在风险资金数额不大，技术和风险资金衔接不畅等问题，制约了高新区企业的催化。

（2）产业集聚功能的退化

按照国家高新区图标的密集程度和分布状况，可以看出我国国家高新区由东向西呈阶梯状分布。54 个国家高新区总体上呈现由东向西依次递减的阶梯状分布态势，其中东部聚集了 65% 的高新区，中西部聚集 35% 的高新区。第一层为高密集区，共有 40 个国家高新区，其中珠江三角洲、长江三角洲和环渤海地区分布密度最高，这些地区平均拥有 6 个左右国家级高新区；第二层为中等密集区，主要为西南和西北省份，共有 14 个国家高新区，除宁夏回族自治区未分布有国家高新区以外，每个省平均拥有 1 ~ 2 个；第三层为空白区，主要为青藏高原地区，没有任何国家高新区分布。

按照区域分布，如表 2 - 7 所示，2008 年东部聚集了接近半数的国家高新区，企业数量更是高达 30 940 家，占全国高新区的比重为 72.88%，出口创汇达全部高新区的 92.26%。东部三省仅 7 个国家高新区，西部有 13 个，中部 9 个，东北三省和中部的出口创汇均偏低，中部地区尤为明显。截至 2009 年 11 月，东部沿海地区有国家高新区 32 个，占全部 56 个国家级高新区的 57.1%；中部地区有 15 个，占 26.8%；西部地区 9 个，占 16.1%。

表 2 - 7　　　　　　　　2008 年国家高新区按地区分布主要经济指标

地区	高新区（个）	企业数量（家）	工业总产值（亿元）	营业总收入（亿元）	出口创汇（亿美元）
东部	25	30 940	41 097.1	41 097.1	1 757.8
东北三省	7	6 849	7 625.7	7 625.7	72.3
西部	13	7 735	9 413.3	9 413.3	123.5
中部	9	7 161	7 849.6	7 849.6	62.0

按照城市或省会分布的特点看，我国 54 个国家高新区中有 31 个位于副省级城市及省会，占到全国高新区的 57%，其余 23 个国家高新区也位于经济较发达的大中城市，占到全国高新区的 43%。由于大中城市经济发展基础较好，相应配套硬件设施齐备，院校与科研机构集中，人才资源丰富，这些都为国家高新区的发展建立了良好平台。但一定区域内高新区区位的集中容易形成相近地区不同城市的产业同构、资源浪费甚至恶性竞

争，并不利于国家高新区在全国的网络化发展，也较难发挥高新区和高技术产业对周围地区的产业的带动辐射作用。

（3）产业特色功能的弱化

①主导产业趋同性明显。

国家高新区主导产业主要集中在生物工程与新医药、电子信息和新材料三大领域，2008 年以这 3 个产业为主导产业的国家高新区占总数的比重分别为 72.22%、70.37% 和 61.11%，而以航空航天和软件业为主导产业的高新区相对较少，仅为 3.70% 和 5.56%，主要是由于这些产业对科技水平和技术人才要求较高，而多数高新区基础支撑能力不足。农牧良种、环保农资和绿色食品的产业发展受地域和产业基础限制，则仅杨凌农业高新技术产业示范区确定其为主导产业，具有鲜明的地区特色。从整体来看，国家高新区主导产业趋同问题严重，造成了资源整合力度不足，浪费现象严重，规模效益不明显等诸多问题，如表 2-8 所示。

表 2-8　　　　　国家高新区 14 个主导产业分布情况统计

园区主导产业	国家高新区数量（个）	占总数比重（%）	重复率排名
电子信息	38	70.37	2
新能源	9	16.67	6
新材料	33	61.11	3
生物工程与新医药	39	72.22	1
光机电一体化	21	38.89	4
汽车制造	5	9.26	8
精细化工	9	16.67	6
航空航天	2	3.70	10
软件	3	5.56	9
节能环保	6	11.11	7
现代装备制造	12	22.22	5
农牧良种	1	1.85	11

园区主导产业	国家高新区数量（个）	占总数比重（%）	重复率排名
环保农资	1	1.85	11
绿色食品	1	1.85	11

②区域产业差异大。

国家高新区主导产业分布呈现显著的地区特色，北方的国家高新区以精细化工、光机电一体化和新能源等偏向重工业的产业为主，而中部和南方的国家高新区则以电子信息、生物工程与新医药和新材料等偏向轻工业的产业为主。这与地区间的发展历史和基础存在显著相关性，由于北方城市长期以发展重工业为主，特别是东北老工业基地和京津塘地区重工业较为发达，而南方城市多以发展轻工业和服务业为主，这就使得地区间产业发展平台存在较大差异。

③区域产业集群性弱。

虽然国家高新区在特殊化，集群化进程中已经认识到高新技术产业集群的重要性，部分高新区通过政策、税收、投资等方式实现了高技术产业的集群效应，如中关村的计算机及软件、张江的集成电路、深圳的电信设备、武汉的光电子、天津的绿色能源等特色产业集群，但还未形成真正的产业集群。各产业之间的渗透性、联动性、互补性及溢出效应并未得到充分发挥，且高技术产业的发展对传统产业的升级改造力度不强，园区内专业化分工协作网络未形成，产学研合作机制不完善，导致产业结构调整的矛盾未完全缓解，集群化发展能力弱。表2-9为2008年国际典型高新区与国内两个示范园区的比较，从中可以看出，单位面积内产值、企业数量、从业人员均处于偏低水平，其中单位面积产值最为明显，仅分别为2.73亿美元/km² 和1.16亿美元/km²。我国高新区大多是通过依靠政府的优惠政策和提供土地吸引企业进驻，内生机制与创业环境不健全，使得企业仅获取空间上的集聚，并未在高新区体现出强烈的根植性。进而由于根植性的脆弱，加剧了各高新区之间产业结构的形态上的趋同，较容易形成恶性竞争。

表 2 – 9 **2008 年国际典型高新区与北京、武汉高新区的比较**

指标	硅谷	班加罗尔	剑桥	中关村高新区	东湖高新区
国别或地区	美国	印度	英国	中国	中国
面积（km²）	800	1.5	0.53	232	224
创建时间（年）	1951	1992	1970	1988	1991
单位面积产值（亿美元/km²）	6.25	66.67	94.34	2.73	1.16
单位面积企业数量（家/km²）	62.50	1 333.33	3 018.87	79.47	7.76
单位面积从业人员（万人/km²）	0.25	12.00	8.49	0.41	0.10

2.3 ▶ 产业竞争优势类型划分

2.3.1 产业竞争优势构成要素

产业竞争优势在很大程度上取决于以技术创新为核心的技术进步的速度，即产业创新直接影响着产业的竞争优势，结合迈克尔·波特（2002）的观点，认为产业竞争优势包括两个层面的含义。从空间来看，产业竞争优势有国际层面和国内层面两个。前者通常是指特定国家的特定产业在国际市场上的竞争优势，即产业的国际竞争优势；后者则指一国内不特定区域的特定产业在国内市场（区际市场）上的优势，即区域产业的区域竞争优势。从本质上看，指在一国内各区域间竞争中，特定区域的特定产业在国内市场上企业及其产品和市场所具备的不同于竞争对手的能够为产业在市场竞争中奠定优势地位的特征，具体表现为企业可通过成本领先、聚焦目标等获得对产品或服务定价的权力优势。

国内外对高新区竞争优势的研究集中在对产业集群与区域竞争力的理

论基础上，高新技术产业集群作为集群系统中最富有创新能力和生命力的核心部分，以及作为高新技术产业集群的载体，在高新区的发展过程中发挥着重要的作用。安纳利·萨克森宁是国际上研究高新区最有影响力的学者之一。通过对美国硅谷和128号公路地区的对比研究，提出了"网络的地区工业体系"的硅谷优势模式，即产业集群，总结了硅谷的竞争优势在于其产学研在长期的交互作用中所形成的创新集群。创新集群中各行为主体在长期交互作用中形成了持续创新的能力，并有效地进行技术转移，造成了硅谷持久的竞争优势。

依据波特的"五力"竞争模型，将产业竞争优势划分为5个构成要素，分别为创新能力，指城市群创新主体的创新能力，包括产学研；联结密度，主要指创新主体之间的交互作用的程度；服务体系，指提供中介服务的机构以及创新服务平台等体系；政策环境，指高新区企业受国家政策性扶持的程度，包括如"火炬计划"等国家产业政策支持的项目；地域资源，指各地区高新区的地理比较优势。各要素之间交互作用构成了高新区网络联结的密度。其中各要素间关系构成如图2-3所示。

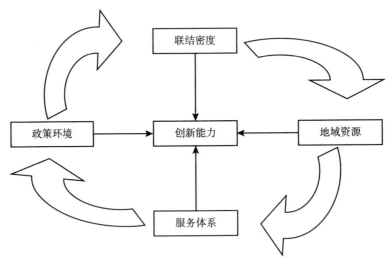

图2-3 高新区竞争优势构成要素

高新区属于高科技园区，指的是由政府或企业为实现工业发展目标而创立的一种特殊区域环境。高新区是一种普遍采用的区域发展政策工具，目的是为园区内企业提供的一种外部环境条件，即包括增长极理论、产业集群理论，也包括三元参与理论、五元互动说、空间扩散理论的运用。高新区竞争优势属于中观竞争优势，介于城市竞争优势与产业竞争优势之间，高新区竞争优势由企业竞争优势构成，但不同于微观竞争优势的企业竞争优势，又构成了宏观层面的国家竞争优势。如图2－4所示：高新区国家、城市、产业、企业互动形成不同层面的竞争优势。

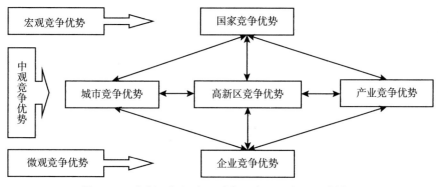

图2－4 高新区与国家、城市、产业、企业互动模型

相比而言，国家高新区各个竞争优势都不是绝对的，某一个国家高新区可能同时具有两种或两种以上的竞争优势，竞争优势划分指的是高新区具有的主要竞争优势。除微观层面的企业竞争优势外，宏观和中观层面的4个竞争优势主要呈现以下表2－10所示的特点。

表2－10   不同层面竞争优势特点

不同层面	政策环境导向型	地域资源拉动型	产业集聚交互性	创新能力推动型
国家竞争优势	√			
城市竞争优势		√		

续表

不同层面	政策环境 导向型	地域资源 拉动型	产业集聚 交互性	创新能力 推动型
高新区竞争优势			√	
产业竞争优势				√

2.3.2　地域资源拉动型优势

地域资源拉动型优势主要指高新区所在的地理资源优势，强调的是高新区的外部资源优势。即生产要素中的基础要素，指一个国家先天拥有或不用太大代价就能得到的要素，例如自然资源、地理位置、气候、非熟练或半熟练劳动力等。而波特认为，竞争优势来源于培养生产要素中的高级要素，并将其进行创造、升级或专业化，过多地依赖基础要素容易使国际竞争力下降，且不利于其长远竞争优势的维持。资源与密集型产业是资源性高新区形成与发展的环境基础，地域资源拉动型高新区的发展，必须充分开发其各种资源，以资源密集型产业转型和发展为基础。

在 2008 年 54 个国家高新区中，明显具有地域资源拉动型优势的有：东北高新区，包括长春高新区、大庆高新区等 7 个高新区。从整体而言，东北高新区的建设和发展与西部的较类似，不如东部沿海城市明显的区位优势。但是，东北高新区所在城市属于高校和科研机构较密集的城市，拥有 20 所全日制大学、100 多个市以上的科研单位及国家重点实验室、部委重点实验室 30 多个，这些形成了东北高新区依托智力资源优势进行科技成果孵化和产业化的特色模式。"一五"计划期间，156 个重大项目中的 1/3 就布置在东北区域，使东北成为中国现代化的工业基地，成为提供能源资源、人才技术、发展模式的战略高地。大庆和鞍山高新区依托老工业基地的技术、人才和产业制造等优势开发高新技术产品、培育高新技术企业。大庆在石油和化工上的资源优势也说明东北高新区的地域资源拉动型优势。

2.3.3　创新能力推动型优势

创新能力推动型，属于技术推动型技术创新源，指创新能力相对较强的依靠技术创新带动产业发展使产业处于强有力竞争地位的特征，以企业的品牌、标准、创新能力等形式表现出来。创新能力作为保证企业或产业具有持续竞争力的一种能力，具有一定的时滞性，而非立竿见影地对研发与科技投入进行反应。基于此，仅用研发与科技投入费用来衡量其竞争优势。在 54 个国家高新区中，明显具有创新能力推动型优势的有：中关村科技园区、上海张江高新区、青岛高新区、南京高新区、广州高新区等。

"十五"时期，高新区企业专利申请量以年均 40% 的速度增长，专利授权率达到 70%，5 年间企业累计申请专利达到 5 964 项，其中发明专利3 243 项，占总量的 54.4%，专利授权量达到 4 210 项。2006 年国家高新区企业用于科技活动筹集到的资金总额已达到 1 765.4 亿元，比上年同期增长 27.6%。2006 年科技经费支出前 5 位的国家高新区有中关村科技园区、上海张江高新区、深圳高新区、西安高新区、成都高新区。相比2004 年，变化不大，如表 2 – 11 所示。从综合创新水平可以看出，北京、上海、青岛、南京、广州、深圳、苏州、天津等国家高新区科研水平相对较高。

表 2 – 11　　　　2004 年高新区创新能力各指标参数地区排名

指标参数	2004 年高新区排名前 10 位
科技活动经费支出	北京、上海、青岛、天津、广州、深圳、南京、苏州、成都、西安
R&D 支出	北京、深圳、上海、苏州、青岛、成都、天津、南京、长春、广州
科技活动人员	北京、上海、天津、青岛、深圳、郑州、西安、南京、广州、武汉
单位企业平均 R&D	青岛、南京、深圳、绵阳、惠州、苏州、上海、中山、襄樊、长春
综合创新水平	北京、上海、青岛、南京、广州、深圳、苏州、天津等

2.3.4　政策环境导向型优势

高新区作为科技"特区"，享受国家、省、市扶持高新技术产业发展的各项优惠政策，具有较强的政策比较优势。政策环境导向型优势指形成优势的主要原因是宏观政策环境，相关的促进竞争优势形成的人才、资金、土地等相关的法律政策，如外商投资减免优惠政策、鼓励内资企业研发政策等。目前，我国高新区已进入政策驱动阶段向功能驱动阶段的转变，但高新区仍然依靠政府的政策来吸引企业集聚，还没有形成自下而上的凝聚力，国家高新区只是地理上的集聚，要充分实现高新区产业发展的集聚效应，政府的作用不容忽视。且大部分高新区的招商引资工作对政府的依赖性仍然较大。随着国家高新区的发展，政府对国家高新区的扶持政策的导向性不断增强。政府试图改变国家高新区的经济增长方式，进行资产重组和企业组织结构调整，加快形成支柱产业和主导产业，增强其在国际国内市场上的竞争力，并辐射到高新区外的企业。

在国家高新区中政策环境导向性优势明显的有中关村科技园区、东湖高新区、昆明高新区等。中关村科技园区在落实《中共中央国务院关于加强技术创新，发展高科技，实现产业化的决定》和国务院《关于建设中关村科技园区有关问题的批复》等重大方针政策后，形成有利于其活动开展的政策大环境。东湖高新区是继北京中关村之后国务院批准的第二家国家自主创新示范区，包括开展股权激励试点、深化科技金融改革创新试点、支持新型产业组织参与国家重点科技项目等。目前我国的多数高新区已按照国家科委划定的高新技术范围，确定了自己的发展领域，如昆明高新区首选发展"生物工程技术及其产品""信息技术及其产品"。

2.3.5　产业集聚交互型优势

产业集聚交互型优势指高新区集聚的各种资产要素包括企业、资源、基础设施和技术条件等，高新区内企业通过各相关或相近产业配套与价值链交互作用，通过整合形成产业集聚竞争力，包括生产要素地理集中，反映为高新区企业数量增加、科技人才增长、服务机构和地理范围扩大等特点；集群主体间交互作用反映为产业集聚带来生产力水平不断提高，企业间竞合关系逐渐形成。

　　在 2008 年 54 个国家高新区中，东部地区拥有高新区达到 25 个，占国家高新区数量的 46.3%，东北三省、西部地区、中部地区分别占13.0%、24.1%、16.7%。其中东部地区平均企业数量为 1 328 家，居各地区企业数量之首，占全国高新区企业数量的 39.4%，其平均出口创汇也达到 4 个地区的最高，且明显高于其他地区的平均水平，但平均工业总产值，即单个企业工业总产值（单位：亿元），东部地区仅占 0.932，次于东北三省、中部地区，如表 2 - 12 所示。地理上的集聚使高新区的个数、企业的数量形成了一定的规模，就会形成专业化的网络创新体系，从而产生规模集聚效应。

表 2 - 12　　　　　　　　　　　　高新区地区分布

地区	高新区个数	各地区平均企业数量	平均工业总产值	平均出口创汇
东部	25	1 328	0.932	0.053
东北三省	7	790	1.239	0.013
西部	13	653	0.911	0.015
中部	9	600	1.326	0.011

　　长三角地区高新区的高新技术产业是国家高新区发展高新技术产业的主要区域，形成了产业集聚，也是增长最快的经济圈。表 2 - 13 为长三角与珠三角高新区高技术产业分布情况，其中长三角的 6 项指标在高新区所占份额平均为 34.65%。6 个高新区创造的高新技术产业产值上海最高，达 1 653.8 亿元，其次是南京、苏州、无锡、杭州，最少的常州高新区也达到了 137.3 亿元。珠三角地区高新区的高新技术产业发展总体情况略低

于长三角，所占高新区高新技术产业份额平均在 25%。以深圳高新区为最好，其高新技术产业产值达到 1 275 亿元；其次是厦门高新区达到562.9 亿元，中山高新区较弱仅 219.4 亿元。

产业集聚为高新区内企业个体之间的交互学习和信息沟通提供了良好的平台，形成了资源要素间完全的和非完全的流动性，构成了创新效益之源。除资源要素之外，集群的形成机制还应包括内部整个创新（技术）链、产业链、服务链响应市场需求的时效性、产业生态环境持整体性和企业间并行的竞争与联合等因素。迈克尔·波特在国家竞争优势的"钻石模型"中提出了产业集聚是在特定领域中，大量相关联的企业以及配套机构在空间上的集中，形成持续竞争优势的现象。

表 2-13　　　　　　　　　高技术产业各区域高新区分布

项目	营业收入	工业总产值	工业增加值	净利润	上缴税额	出口创汇
全部高新技术产业（亿元）	15 478.4	14 822.6	2 823.5	557.7	526.3	865.4
长三角高新区（亿元）	5 411.9	5 103.4	948.3	152.8	133	451.8
长三角高新区所占份额（%）	35	34.40	33.60	27.40	25.30	52.20
珠三角高新区（亿元）	3 663	3 721.4	689.3	126	120.8	269.8
珠三角高新区所占份额（%）	23.70	25.10	24.40	22.60	23	31.20

2.4 ▶ 产业竞争优势提升路径

2.4.1 从"资源型优势"向"功能型优势"转变

国家高新区的发展依托着所在城市的地理资源等多种优势开发技术产

品、培育高新技术企业，依据波特对竞争优势的理解，过分依赖资源发展，容易出现产业结构单一、资源储备不足、资金短缺、企业负担过重、环境压力较大等多种问题，且对其他产业的发展带动性不明显；同时，大多数国家高新区未能达到循环经济的发展要求，不利于国家高新区的优势和功能的发挥。国家高新区要保持良好的增长势头，就需要不断改进国家高新区资源要素结构，关键是建立由劳动密集型向资本密集型、技术密集型转变的要素密集型升级递进机制。并依此形成新的比较优势，通过优势的延续、组合、互补、递进，促进禀赋型、区位型、成本型优势，转向规模型、管理型、资本型、垄断型优势，进而转向品牌型、创新型和功能型优势，进而塑造新的竞争优势，实现转型发展和跨越式发展的目的。

加强基础配套设施建设，创新绿色生态园区。坚持以"节地、减排、宜居"为目标，不断完善环境保护、交通体系和市政服务等各项基础设施的建设，制定相应的规划策略，做好绿色招商、环境保护工作、建设生态工业园的基础和提供有力保障。

加强孵化器基地建设，营造活跃创业环境。培育促进产业发展的第三方中介服务机构。发挥中介机构在国家高新区产业发展中的产业研究、要素引进、技术支撑和企业服务的作用。完善以专业孵化器和大学科技园为核心的创业孵化体系建设。鼓励各类孵化器，包括创业服务中心、留学人员创业园和大学科技园等服务机构的建设，鼓励高等院校、科研院所、企业等多元主体创办各类专业孵化器。

增强知识产权保护意识，打造完善服务体系。积极进行政策引导，完善知识产权管理体系。构建知识产权服务平台，扶持知识产权服务机构建设。促进技术创新知识产权化，确立企业在知识产权创造、保护和实施中主体地位与作用。多方联合执法，加强园区的知识产权保护工作。采取多种途径，加强园区知识产权人才队伍建设，解决制约知识产权发展的瓶颈，利用公益广告、文艺演出、知识竞赛等多种形式普及知识产权知识，大力提高园区知识产权意识。

提升企业知识产权的质量和资源储备，培养企业知识产权人才，增强企业创造、运用、保护、管理知识产权的综合能力；探索建立适合于高成长性企业加速发展的载体和资源整合体系；在中小企业创新活跃的国家高新区内，要积极搭建强化服务功能、丰富服务手段并能够整合配置资源的科技企业加速器，打通我国高科技企业成长通道，完善国家高新区服务创新体系。

2.4.2 从"空间聚集"向"交互型集聚"转变

产业集聚作为国家高新区集聚科技发展的新思维和重要政策工具，需要科学界定产业集聚的概念，发挥高新区产业集聚的企业间的分工和合作网络化交互作用，使得区内企业根本上从"移入型"向"根植型"转变，通过地理位置的集中或者靠建立长期、稳定的创新协作关系，形成互动式区域创新合作网络，产生创新的"集聚效应"从而获得集群创新的整合优势。

大力发展生产性服务业，突破产业结构的低端锁定。生产性服务业由于具有广泛的关联效应，逐渐成为市场资源强大的"调配器"，能直接影响经济增长速度的快慢，并提高整体经济绩效。在国家高新区转变方式、调整结构中，把生产性服务业作为重要突破口，对研发设计、现代物流、软件和信息、科技服务、商务服务、现代金融等行业实施重点扶持，实现生产性服务业与高新技术产业相互促进、协调发展，伴随着制造业的服务化，确保高新技术产业实现快速增长，转变国家高新区的产业结构。

突出优势主导产业特色，打造特色产业协同创新。突出高新区自身特色产业，建立基于技术创新的产业联盟，实现特定产业目标，解决产业创新中的共性问题。建立基于多种目的的产业联盟，重点推动由大企业发起成立，以制定行业标准为基本手段的产业化前联盟，为进入新兴产业做好准备；推动围绕龙头企业、以推进产业化进程为核心的产业化过程中的联盟和以中小企业为主、以开拓共同市场为目的的产业成熟阶段的联盟；引导若干重点领域，以共性技术和重要标准为纽带，以大中型骨干企业和行业龙头企业为核心，形成各种形式的产学研战略联盟，政府给予优先支持。以国家高新区等产业集群中的技术联盟企业为主体，配合国家科技计划、重大专项和条件平台项目，采用竞争机制，组织产学研联合开展对引进先进技术的消化吸收和再创新。

抓好创新基地建设，提升产业集聚能力。发展一批产业化基地，提高基地建设水平。进一步发挥国家高新区在科技成果产业化中的重要作用。依托产业化基地，加快探索技术扩散的机制和途径，鼓励和支持企业运用专利许可、技术转让、技术入股等方式加快技术成果的扩散应用。立足基地优势创造产业集聚平台，大力推广适合自主创新特点的产业集群发展模式。积极创造条件，努力在创业孵化、招商引资、专业服务平台搭建、专业化的地理空间规划中有意识地促成产业集群发展，重点推动特色企业在物理空间上的专业集聚，实现资源共享、优势互补，使产业园区成为产业链载体、引领加快发展的极点。

2.4.3　从"线性范式"向"网络范式"转变

技术创新一般经历发明→开发→设计→中试→生产→销售等简单的线性过程，且外部信息交换和协调对于技术创新具有重要的作用。高新区企业发展着眼点应从关注单个企业内部技术过程的"线性范式"向关注企业与外部环境互动过程的"网络范式"转变。建立竞争优势的模式在逐渐向技术创新靠拢，从竞争优势获取源头来讲，新竞争优势模式倾向于有能力利用知识、技术、经验等来创造出新产品、工艺及服务企业，并向外部产业链、产业网络转变。

加强园区互动学习，建设资源共享的生态网络。国家高新园区大部分采取的是自成体系的横向分工模式，这种分工模式不利于产业集聚规模的扩大，也不利于国家高新区之间的产业联系和资源共享。以上海高新区为例，上海高新区由张江高科技园区、漕河泾新兴技术开发区、上海大学科技园区、青浦工业园区、金桥出口加工区和嘉定工业园区 6 个园区组成。高新区内每一个园区都有相对完整的产业分工体系，且园区之间相互独立但有类似的产业结构，属于典型的横向分工模式。这种分工模式仅局限于每个园区范围内，且园区与园区之间缺乏产业链条的联系，是一种较低水平的分工。这不利于园区与园区之间的互动学习，较难形成园区之间资源共享，甚至可能导致园区之间相互争夺资源的局面，资源配置达不到最有效状态。因此，国家高新区之间以及园区内应打破地域限制，形成互动学习状态，建立产业链条联系，加强园区间的产业联系与资源共享，避免基础设施重复建设和浪费的现象，提高资源利用效率。如图2-5所示，国家高新区之间应建立一种互动的网络学习模式。

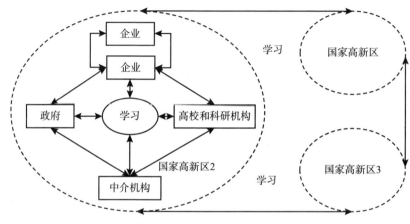

图2-5　国家高新区"网络范式"的基本结构

高新区外引内联搭建区域平台，建立信息网络平台，充分调动各园区与园区内主体的积极性，加快行业集聚式发展，形成从单一的"线性范式"向"网络范式"转变。

与国外高新区发展的经验及高新区发展要求相比，我国目前高新区的政策环境仍然有较多的提升空间。美国硅谷、中国的台湾新竹、印度班加罗尔等地高技术产业集群的成功对国家高新区的发展具有较好的借鉴意义。以这些典型科技园区为标杆，努力营造有利于高技术产业集群发展的环境，通过不同的路径转变提升主体的功能发挥，均衡主体间的关系，大力扶持高技术产业的发展。

2.5　产业联盟企业集成创新

2.5.1　企业集成创新内涵

只有当要素经过主动优化、选择搭配，相互之间以最合理的结构形式结合在一起，形成一个由适宜要素组成的、相互优势互补、匹配的有机体，这样的过程才称为集成。集成过程的核心是创造性思维的发挥，而创造性思维来源于人的智慧，因此在集成创新企业中人力资源的支撑是整体运作的关键。集成创新利用了创新的规模经济性，更关注实用性，特别适用于复杂产品的创新。它集成的是已有的科技成果，包含多个层面，多种因素的创新是一个复杂系统，是一个微观的创新系统。

集成创新理论研究始于 20 世纪 70 年代。狄龙、多西、乌特贝克等分别从内部技术创新要素集成的角度探讨了企业技术、组织、制度、管理、文化的综合性创新，指出提高企业技术创新成效的关键在于合理协调上述各种要素的匹配关系，发挥协同作用。他们的研究促进了创新集成化思想的传播和发展。

国内学者指出，集成创新思想所要解决的中心问题不是技术供给本身，而是日益丰富、复杂的技术资源与实际应用之间的脱节。集成创新的逻辑起点是把握技术的需求环节，在创造符合需求的产品与丰富的技术资源供给之间创造出匹配。贝斯特则基于马可—伊安西蒂的研究成果，从国民经济和地区发展的角度提出了"系统集成"的概念，并以 Intel 公司为个案进行研究。研究证实了系统集成既是企业新产品开发的驱动力，也是企业生产的组织方式。贝斯特的"系统集成"进步明确了"集成"模式或方法的普遍适用性。

本书将企业集成创新的含义概括如下：以提高企业核心竞争力为导向，以市场价值的最终实现为目标，在企业内外环境的作用下，从企业战略决策层面实施集成，通过对企业内部和对企业外部组织的集成，实现技术创新资源要素层面的集成，将技术创新活动有关的各个环节和相关的要素以适宜的形式集成起来，形成一个创新系统，快速实现产品的开发和商业化的自主技术创新过程。

2.5.2 产业联盟企业集成模式

国外学术界主要从3个角度研究产业联盟的实践：一是从企业战略联盟的角度研究，即将产业联盟视为一种多边的企业战略联盟（strategic alliance），利用企业战略联盟的理论框架进行分析。二是从研发合作（R&D collaboration）的角度研究研发合作产业联盟（R&D alliance，R&D consortium）。三是从技术标准竞争的角度研究技术标准产业联盟（standard consortium）。发达国家的产业联盟实践中，研发合作产业联盟和技术标准产业联盟两种类型产业联盟比较突出，此处仅从企业战略联盟的角度来研究我国企业战略集成、资源集成、知识集成、能力集成模式，如图2-6所示：

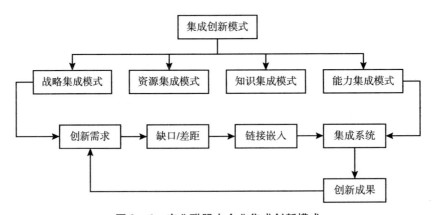

图2-6 产业联盟中企业集成创新模式

（1）战略集成模式

战略集成是企业集成创新中的重要组成部分。企业战略集成要保证企业技术创新战略与企业核心发展战略相一致，体现企业核心能力和企业技术创新发展的要求，同时也要注意市场范围的选择，实现企业的现实竞争力。

战略集成首先包含了企业创新与企业家精神的集成。在战略联盟过程中，由于企业创新面临环境的不确定性，变化的市场要求联盟企业家勇于共同承担风险、善于创新，达到资源共享；不论企业属于哪种形式的联盟，企业和企业家都应该时刻有如履薄冰的意识，懂得创新的重要性；在联盟过程中，由于信息的不完全性及时效性，企业与企业家必须根据自身的判断作经常性的谈判，并最终使企业处于自组织状态。

其次是技术创新战略与企业经营战略的集成。先要使创新战略在联盟各企业中达成共识并为员工所拥护，然后经各企业高层领导推动，使其得到各个职能部门的配合，并交与专门机构或专人负责，在按战略实施的过程中，企业之间或者企业内部还可以不断调整原有战略计划。最后是对世界领先水平产品的战略性技术的集成。要完成一项技术创新，所需要的各项分支技术是多种多样的，其中有关键性的核心技术，也有辅助性外围技术，而针对一个复杂的技术产品更是如此。因而在战略联盟过程中，对于任何一个企业来说，其技术产品的产生并不意味着要进行独立研究开发所有的分支技术，只要企业拥有与产品相关的核心技术，掌握了它的原理，其技术创新就是成功的。这也是很多战略联盟企业考虑联盟的主要原因之一。

（2）资源集成模式

所谓资源集成的自主创新，是将创新活动扩展到整个产业链上下游企业以及相关产业之间，创造性地集成全球市场上最先进的技术和资源。这种创新适用于产业链合作产业联盟中的集成创新。企业可以通过能够对相互补充的资源的识别来确定合作伙伴，通过集成竞争优势来创新，即企业集成创新的核心——创新要素的集成。资源集成包括有信息资源的集成、物质实体资源的集成、资金资源的集成。产业联盟包含的资源非常广泛，联盟成员拥有的许多资源都可能直接或间接地对联盟实现目标而产生积极的作用。

信息资源集成是解决信息化过程中存在的大量"信息孤岛"和"知识孤岛"问题，来消除企业界面的信息冲突和知识冲突，实现信息资源和知识共享。信息资源集成的核心思想是发挥集成企业的主观能动性和创新思维，形成沟通渠道畅通和信息资源互补。

物质实体的集成主要是指在联盟过程中，企业之间达成已有的科研实体成果，设备、场地等资源的共享。企业可以通过调用一切可以利用的内外资源，通过市场化经营，实现其创新和持续经营的目的，为企业带来超额利润的同时尽可能少的资源投入。

资金资源的集成主要指在创新过程中，由于联盟的关系而建立起来的为实现共同目标，来解决具体的产业共性问题的企业资金资源的投入的汇总。资金资源的集成更有利于企业把资金投入其他项目中运用。

（3）知识集成模式

知识集成首先包括知识与知识的集成。从知识范围来划分，知识又可分为企业内部知识和企业外部知识。企业内外部知识在个体、团队、企业和企业间不同层面的集成，结合知识集成的认识论和本体论，形成知识集成的三维模式。

其次包括知识与过程的集成。这里的过程重点指业务过程。主要包括知识与业务过程集成的基本理论与方法，构建模型库和知识库，并建立一套相应的工具与平台。

最后包括知识与人的集成。企业集成创新的本质是通过对企业内外知识的集成，实现快速技术创新机制。人作为认识知识最重要的载体——不仅可以通过学习掌握显性知识，而且是隐性知识的唯一载体；人及其实践活动是知识唯一的来源；组织中大量的技巧、经验、价值等隐性知识不能脱离具体人员而独立存在。因此，在知识集成过程中，企业应该尤为重视人的主观能动性的发挥。

研究表明，一方面信息资源集成和知识集成都是为了构建组织核心竞争力，实现信息资源和知识的共享和创新，提升用户服务价值。信息资源集成和知识集成在集成原则、集成模式、集成条件和集成机制方面都具有类似之处，可以相互借鉴、相互促进及相辅相成；另一方面，信息资源集成和知识集成在集成对象、集成内容、集成深度、集成过程和集成性质方面呈现出不同的特点。信息资源集成是知识集成的基础，而知识集成是信息资源集成的发展方向和目标。在解决组织复杂问题时，知识集成与信息资源集成都是不可或缺的。因此，组织可根据信息资源集成与知识集成的内在联系与差异，更好地指导和促进信息化和知识管理过程中的信息资源集成和知识集成。

（4）能力集成模式

集成能力是企业集成创新能力中起到保证作用的能力，其大小直接影响企业集成创新的效果。企业集成能力的关键是通过创新实现不同创新主体的沟通、反映企业集成能力的指标有：功能集成能力、规模集成能力、柔性集成能力。

①功能集成能力。

在产业联盟创新中，整个联盟的集成创新功能是由研发合作企业、市场合作企业、技术标准联盟企业、在链企业、社会规则联盟企业共同实现的，每个企业只是完成创新链上功能的一个部分，甚至是一个很小一部分。联盟中的每一个企业都有自身的核心专长，如何通过创新链联结起来，实现整体创新功能，达到最优资源配置是企业值得考虑的问题。

②规模集成能力。

中小企业技术创新的最大劣势是缺乏创新规模经济性。集成创新可从两个方面提高创新规模经济性，实现创新规模集成：一是单个环节创新规模集成。由于联盟中创新的分工，原来由每个企业都要去做的同样一个创新环节，现在集中到某一个企业或某几个企业，这样从各环节的规模来看就大大增加了，或者说实现了集成。即从各创新环节来看达到了规模集成。二是整体创新规模集成。由于集群式创新变单个企业完成创新链的全部过程为单个企业专注创新链的某一个环节，每个企业都能在各自的环节上发挥自己最大的创新优势，实现各环节上的创新规模经济。显然，由这些强势创新环节联盟形成的集成创新链比原来分散中的个别企业创新能力的简单叠加更能实现总体创新规模。针对于联盟中的单个企业而言，这是一种外部创新规模集成。

③柔性集成能力。

大企业的创新能力虽然很强，但有刚性，难以迅速适应市场。联盟中的集成创新能力则是柔性的，或者说是一种柔性集成。

柔性集成主要表现在以下方面：一是可以在联盟期间随时随机组合创新链来达成产业联盟目标。企业可以根据创新任务的需要，选择合作企业，组建技术创新链，完成技术创新分任务，最终实现联盟的总目标。这样既可以灵活地响应市场，又可以实现技术资源和市场资源的有效配置。二是优化技术创新链。技术创新链上的企业不是固定的，而存在不断的选择与优化过程。这种选择与优化过程推动了创新链的升级，强化了企业间技术创新的竞合关系，使整个联盟中的创新能力得到提升。

实践中产业联盟有 5 种类型，包括有研发合作产业联盟、产业链合作产业联盟、市场合作产业联盟、技术标准产业联盟以及社会规则联盟，它们在创新中都发挥着重要的作用。企业是创新的主体，但是单个企业在创新中遇到许多障碍，如实力不足、外部性问题、市场不完善等，使企业创新积极性无从发挥。产业联盟是促进企业集成创新的有效工具，不同类型的产业联盟可以从不同的方面帮助企业解决集成创新中的问题。以企业作为产业联盟中的行为主体为切入点，通过 4 种不同集成模式的研究，包括战略集成、资源集成、知识集成、能力集成来探索企业集成创新的新途径、新方法，来提升企业的自主创新能力和核心竞争力。加强集成创新，是实现自主技术创新的新途径，也是企业获得竞争力、更有效地完成产业联盟目标的关键。如何在产业联盟中进行集成创新是本文探讨的关键问题。联盟中的企业应该依据不同的联盟方式来进行选择集成创新模式，但同时也必须注意到联盟方式本身的特点。集成创新的实质是在对企业全面变革与改善管理的条件下，从实施发明到创新的新途径。

第3章

国家大学科技园孵化互动

3.1 国家大学科技园孵化效率

2000 年国家启动建设首批国家大学科技园，到 2014 年已有 115 家国家大学科技园通过认定。大学科技园已经成为促进区域经济发展的重要力量。115 家国家大学科技园分布在 30 个省区市，37% 以上分布在京、沪、苏三地，区域空间分布呈现两极分化趋势。国家大学科技园平均每个园区孵化总收入由 2014 年的 3.2 亿元降至 2016 年的 2.5 亿元，对区域高新技术产业推动作用减弱。2016 年 115 个国家大学科技园在孵企业总收入和在孵企业人数分别为 289.5 亿元和 13.2 万人，均比 2014 年下降 19% 以上；场地面积仅 737.8 万平方米，低于 2015 年园区可自主支配面积 1 000 万平方米的"十二五"规划目标。国家大学科技园数量发展与质量提升并不同步，2016 年全国国家大学科技园服务收入、为企业增加销售额、为社会增加就业等主要经济指标，均低于 2011~2015 年每年同类指标数据。国家大学科技园区域分布不均、类型各异、服务趋同的发展机制，制约了大学科技园孵化器和加速器功能的发挥。

高校产学研合作效果与大学科技园创新程度密切相关。作为区域经济发展的创新极、技术极、增长极，国家大学科技园创新孵化能力和成果转化效率提升，有助于推动高校产学研合作，提高技术服务主动性，推动区域经济发展。然而2016年国家大学科技园平均孵化基金投入强度仅为5%（硅谷约12%），山西、上海、浙江、云南、青海5个省份国家大学科技园净利润为负值，创新马太效应突出，创新极化空间叠加；优惠政策利导下的创新主体关联性偏弱，"一校一园""多校一园"等建园模式，使得创新要素投入、产出不经济，与国家大学科技园孵化功能定位偏异较大。国家大学科技园与依托高校发展不协调，阻碍了高校创新优势向国家大学科技园扩散。"十二五"期间南开大学国家大学科技园绩效评价不合格被摘牌，厦门大学国家大学科技园整改期顺延一年，对依托高校产学研合作产生负面影响。相比国家高新区，国家大学科技园创新存在较多功能性障碍，需强化创新孵化培育，提升创新服务功能。

3.1.1 孵化效率评价指标体系构建

（1）三阶段 DEA 模型与方法

在第一阶段，使用 DEAP2.1 对原始投入产出数据进行初始效率评价。根据国家大学科技园技术转移服务导向，此处选择投入导向。鉴于实际生产中各生产单位并没有处于最优规模的生产状态，选择能够排除规模效率影响的 BCC 模型。对于任意决策单元，投入导向下 BCC 模型计算出来的效率值为综合技术效率（TE），可进一步分解为规模效率（SE）和纯技术效率（PTE），$TE = SE \times PTE$。弗瑞德（Fried H. O.，Lovell C. A. K.，Schmidit S. S，2002）认为，决策单元绩效受到管理无效率（managerial inefficiencies）、环境因素（environmental effects）和统计噪声（statistical noise）的影响，因此有必要分离这 3 种影响。

第二阶段，相似 SFA 回归剔除环境因素和统计噪声。在第一阶段结果的基础上，计算各决策单元的松弛变量，松弛变量可反映初始的低效率，由环境因素、管理无效率和统计噪声构成。通过构建相似 SFA 模型，将第一阶段松弛变量分解成以上 3 种效应，对环境变量和随机误差项进行回归，如公式（3-1）所示：

$$S_{ij} = f(Z_j; \beta_i) + \varepsilon_{ij}; \quad i = 1, 2, \cdots, m; \quad n = 1, 2, \cdots, n \quad (3-1)$$

公式（3-1）中，S_{ij} 表示第 i 个决策单元第 j 项投入的松弛变量值，Z_j 表示环境变量，β_i 表示环境变量系数，ε_{ij} 表示混合误差项。由于 SFA 回归采用成本函数形式，ε_{ij} 可展开为 $\nu_{ij} + \mu_{ij}$。有学者（刘满凤、李圣宏，2016）误用琼卓等（Jondrow J, Lovell C. A. K, Materov I. S, 1982）的方法，将生产导向 $\nu_{ij} - \mu_{ij}$ 作为混合误差项，从而产生管理无效率项的错误估计。松弛变量作为被解释变量时，应选取成本导向的 $\nu_{ij} + \mu_{ij}$ 作为混合误差项（罗登跃，2012）。因为管理无效率会造成生产成本的增加，故 $\varepsilon_{ij} = \nu_{ij} + \mu_{ij}$，即公式（3-2）：

$$S_{ij} = f(Z_j; \beta_i) + \nu_{ij} + \mu_{ij}; \quad i = 1, 2, \cdots, m; \quad n = 1, 2, \cdots, n$$

$$(3-2)$$

$\nu_{ij} + \mu_{ij}$ 是混合误差项，其中 ν_{ij} 表示随机噪声项，μ_{ij} 表示管理无效率，一般情况下，假设随机噪声项 $\nu_{ij} \sim iidN(0, \sigma_v^2)$，表示随机干扰因素对投入松弛变量的影响。$\mu_{ij}$ 是管理无效率，表示管理因素对投入松弛变量的影响，假设其服从在零点截断的半正态分布，即 $\mu_{ij} \sim iidN^+(0, \sigma_\mu^2)$。$\nu_{ij}$ 与 μ_{ij} 相互独立，且环境变量之间相互独立。在此基础上，可运用 frontier4.1 对模型适用性进行检验以及对参数进行估计。首先采用广义单边似然比检验对 μ_{ij} 是否存在进行判定，当 LR 值大于临界值时，拒绝原假设（$H_0: \sigma_u^2 = 0$，$H_1: \sigma_u^2 > 0$），即 μ_{ij} 存在，模型设定合理。当 LR 值小于临界值时，μ_{ij} 不存在，采用 OLS 对模型参数进行估计即可。得出模型的参数后，可使用罗登跃（2012）的公式，得到 μ_{ij} 的估计量，即公式（3-3）：

$$E(\mu/\varepsilon) = \frac{\lambda\sigma}{1+\lambda^2}\left[\frac{\phi\left(\lambda\frac{\varepsilon}{\sigma}\right)}{\Phi\left(\frac{\lambda\varepsilon}{\sigma}\right)} + \frac{\lambda\varepsilon}{\sigma}\right], \quad \lambda = \sigma_\mu/\sigma_\nu, \quad \sigma^2 = \sigma_\mu^2 + \sigma_\nu^2 \quad (3-3)$$

公式（3－3）中，$\phi(.)$ 与 $\Phi(.)$ 为标准正态分布的概率密度函数和累计概率密度函数。再通过 $E[v_{ij}/\varepsilon_{ij}] = S_{ij} - f(z_j; \beta_i) - E[u_{ij}/\varepsilon_{ij}]$ 得出 v_{ij} 的估计量。SFA 回归目的是剔除环境因素和随机因素对效率测度的影响，以便将所有决策单元调整于相同的外部环境中。投入量进行调整，调整公式如公式（3－4）所示：

$$X'_{ij} = X_{ij} + [\max(f(Z_j; \hat{\beta}_i)) - f(Z_j; \hat{\beta}_i)] + [\max(\nu_{ij}) - \nu_{ij}]$$
$$i = 1, 2, \cdots, m; j = 1, 2, \cdots, n \qquad (3-4)$$

公式（3－4）中，X'_{ij} 为调整后的投入，X_{ij} 为原始投入。$\max(f(Z_j; \hat{\beta}_i)) - f(Z_j; \hat{\beta}_i)$ 表示使所有决策单元都处于最差的环境中，各个决策单元所需增加的投入量；$\max(\nu_{ij}) - \nu_{ij}$ 表示使所有的决策单元处于相同运气水平下（都受到最大的干扰），所需增加的投入量。

第三阶段，先用调整后投入产出变量进行 DEA 效率分析，然后测算国家大学科技园各决策单元孵化效率，此时的效率已经剔除环境因素和随机因素的影响，是相对真实准确的。

（2）评价指标体系与环境变量

为全面评价国家大学科技园孵化效率，结合国家大学科技园功能定位及孵化服务特点，从资金引导、资产投入、人员投入 3 方面，选取孵化基金总额、年末固定资产净值和从业人员数量 3 个指标，作为国家大学科技园孵化效率的投入变量。选取在孵企业数量、在孵企业总收入、在孵企业工业总产值 3 项指标作为国家大学科技园孵化效率的产出指标。作为孵化高新技术企业、培育战略性新兴产业的重要基地，在孵企业总收入，能够从企业角度反映国家大学科技园孵化功能强弱。结合"大众创业、万众创新"的政策导向，国家大学科技园作为转化高新技术成果和高校师生创业的重要基地，在孵企业总收入、在孵企业工业总产值能够反映国家大学科技园孵化功能社会化的实现程度。115 个国家大学科技园 2014 ~ 2016 年投入产出指标数据如表 3－1 所示，孵化基金总额年均增速 15%，但企业各项指标数据下降明显。各省份国家大学科技园数量、规模均呈现两极分化，内蒙古仅拥有 1 个国家大学科技园，但 2016 年内蒙古孵化基金总额达到 2.5 亿元，占全国比重 17.4%，孵化基金总额最低的贵州仅 7 万元。2016 年 115 个国家大学科技园平均每个园区，孵化基金总额 1 300 万元，从业人员数 1 152 人，而在孵企业数量仅 86 个，在孵企业工业总产值对应的人均劳动生产率为 9.9 万元/人，而 2016 年国家高新区人均劳动生产率达到 109 万元/人。

表 3 – 1　　　115 个国家大学科技园 2014～2016 年投入产出指标数据

国家大学科技园 投入产出变量	2014 年	2015 年	2016 年	同比 下降	园区 均值	2016 年各省区域总量	
	115	115	115			最大值	最小值
孵化基金总额 （百万元）	1 107	1 196	1 440	—	13	内蒙古 250	贵州 0.07
年末固定资产净值 （百万元）	4 968	4 721	4 019	15%	35	湖北 734	广西 0.005
从业人员数 （人）	162 885	145 603	132 434	9%	1 152	江苏 28 303	青海 217
在孵企业数 （个）	9 972	10 118	9 861	2.5%	86	江苏 1 696	天津 32
在孵企业总收入 （百万元）	36 120	27 720	28 950	—	252	江苏 10 445	海南 47
在孵企业工业总产值 （百万元）	24 387	11 892	13 105	—	114	江苏 4 350	海南 1

国家大学科技园孵化效率，还会受到区域经济发展、政策环境等因素的影响。从区域经济环境、基础设施、人力资本、政策支持、信息共享 5 个方面选取环境变量，分别对应人均 GDP、电信业务总量、本科毕（结）业生数、地方财政科技支出、互联网普及率 5 项指标，作为国家大学科技园孵化效率的环境变量。指标体系样本数据来源于《中国火炬统计年鉴

2017》，环境变量数据来自《2017中国统计年鉴》，国家大学科技园各项指标在2016年出现下滑，2016年场地面积、在孵企业数、在孵企业从业人员数3项指标比2015年分别下降1%、2.5%、9%，因此选取2016年相关指标截面数据，更能说明规模缩减是否影响孵化效率。因西藏、青海、黑龙江缺失部分统计数据，因此研究对象为28个省份的国家大学科技园。

3.1.2 基于三阶段DEA的孵化效率测度

（1）第一阶段BCC模型效率分析

基于BCC模型研究方法，利用Deap2.1软件进行分析，第一阶段孵化效率如表3-2所示。从全国平均效率来看，在不考虑环境等因素条件下，国家大学科技园技术效率均值为0.747，与效率前沿面相比还有25%的提升空间。全国平均纯技术效率均值为0.851，而规模效率均值为0.873，说明纯技术效率影响国家大学科技园技术效率提升。处于效率前沿面上的9个省份和湖北，规模收益不变，6个省份规模收益递增，12个省份规模收益递减。技术效率和纯技术效率最低的江西分别为0.334和0.343。

从东、中、西、东北4个板块比较来看，规模效率沿东部—东北—中部—西部依次递增，纯技术效率沿中部—东北—东部—西部递增，西部国家大学科技园3项效率值均为最高。经济水平较高的东部地区，有能力营造良好企业孵化和创新服务环境，引导国家大学科技园为高新技术企业提供高效孵化服务，但东部较低的规模效率，制约技术效率提升。基于此，经典DEA结果可能存在偏误，考虑可能是各地区相关环境因素造成的，进行第二阶段SFA分析。

表 3 - 2 国家大学科技园孵化效率值

省区市	调整前（第一阶段）				省区市	调整后（第三阶段）			
	技术效率	纯技术效率	规模效率	规模收益		技术效率	纯技术效率	规模效率	规模收益
北京	0.733	1	0.733	drs	北京	0.963	0.964	0.999	drs
天津	0.358	0.942	0.38	irs	天津	0.171	1	0.171	irs
河北	0.767	0.768	0.999	irs	河北	0.59	0.818	0.722	irs
上海	0.716	1	0.716	drs	上海	1	1	1	—
江苏	1	1	1	—	江苏	1	1	1	—
浙江	0.353	0.695	0.509	drs	浙江	0.62	0.649	0.955	irs
福建	1	1	1	—	福建	0.426	0.851	0.501	irs
山东	0.551	0.707	0.781	drs	山东	0.718	0.734	0.979	drs
广东	1	1	1	—	广东	0.655	0.83	0.79	irs
海南	0.495	0.674	0.734	drs	海南	0.697	0.817	0.853	irs
山西	0.8	1	0.8	irs	山西	0.277	1	0.277	irs
安徽	0.505	0.542	0.932	irs	安徽	0.798	1	0.798	irs
江西	0.334	0.343	0.975	drs	江西	0.564	0.673	0.839	irs
河南	0.466	0.668	0.697	drs	河南	0.807	1	0.807	irs
湖北	0.759	0.759	0.999	—	湖北	0.88	0.904	0.973	irs
湖南	1	1	1	—	湖南	1	1	1	—
广西	1	1	1	—	广西	0.392	0.954	0.411	irs
重庆	0.901	0.909	0.991	irs	重庆	0.646	0.905	0.714	irs
四川	0.811	0.87	0.932	drs	四川	1	1	1	—
贵州	1	1	1	—	贵州	0.672	0.897	0.749	irs
云南	1	1	1	—	云南	0.663	0.715	0.928	irs
陕西	0.755	0.795	0.951	drs	陕西	1	1	1	—
甘肃	1	1	1	—	甘肃	0.867	0.883	0.983	irs
宁夏	0.491	0.757	0.649	irs	宁夏	0.261	0.693	0.377	irs
新疆	1	1	1	—	新疆	0.854	1	0.854	irs

续表

省区市	调整前（第一阶段）				省区市	调整后（第三阶段）			
	技术效率	纯技术效率	规模效率	规模收益		技术效率	纯技术效率	规模效率	规模收益
辽宁	0.84	1	0.84	drs	辽宁	0.85	1	0.85	irs
吉林	0.632	0.7	0.904	drs	吉林	0.5	1	0.5	irs
黑龙江	0.643	0.703	0.914	drs	黑龙江	0.79	0.802	0.985	irs
东部	0.697	0.879	0.785		东部	0.684	0.866	0.797	
中部	0.644	0.719	0.901		中部	0.721	0.930	0.782	
西部	0.884	0.926	0.947		西部	0.706	0.894	0.780	
东北	0.705	0.801	0.886		东北	0.713	0.934	0.778	
全国	0.747	0.851	0.873		全国	0.702	0.896	0.786	

（2）第二阶段基于 SFA 回归分析

在 DEA 分析第二阶段，构建 SFA 回归模型，将第一阶段测算出的国家大学科技园从业人员数、年末固定资产净值、孵化基金总额 3 种投入变量的松弛变量，作为被解释变量，选取本科毕（结）业生数、人均 GDP、电信业务总量、互联网普及率、地方财政科技支出作为解释变量，考察 5 个环境变量对 3 个投入项松弛变量的影响。当回归系数为正值时，表示增加该解释变量将会增加投入松弛量，导致孵化效率降低；当回归系数是负值时，增加该解释变量有利于减少投入松弛量，提高孵化效率。采用 Frontier4.1 软件计算，分析结果如表 3 - 3 所示：

表 3 - 3　　　　　　　　　SFA 第二阶段估计结果

项目	孵化基金投入松弛	固定资产投入松弛	从业人员投入松弛
常数项	40.27 ** (214.0)	- 58.99 * (157.7)	95.99 * (123.4)

续表

项目	孵化基金 投入松弛	固定资产 投入松弛	从业人员 投入松弛
本科毕（结）业生数 （万人）	5.93* （5.71）	20.63*** （6.16）	6.02* （3.82）
人均 GDP （万元/人）	-10.46* （15.85）	17.30* （17.22）	1.52 （11.02）
电信业务总量 （亿元）	-16.71** （16.28）	-30.49** （17.85）	0.906 （11.25）
互联网普及率 （%）	0.797* （3.90）	-0.357* （3.84）	-1.97* （2.70）
地方财政科技支出 （亿元）	20.84* （36.62）	28.49* （39.30）	-11.93*** （24.83）
σ^2	14 973.37	18 037.46	7 247.71
γ	0.69	0.71	0.81
Log 值	-173.88	-176.49	-163.74

注：括号内为标准差，***、**、*分别代表在 1%、5%、10%的统计水平下显著。

①本科毕（结）业生数。计算结果表明，该变量与孵化基金总额、年末固定资产净值、从业人员数，3 项投入松弛变量的回归系数均为正值，说明各省本科毕（结）业生数越多，将会增加国家大学科技园从业人员、固定资产、孵化基金的投入冗余。本科毕（结）业生数增多，会加大国家大学科技园创新创业压力，相应增加固定资产和孵化基金投入。人力资源密集的北京、上海、湖北、陕西 4 省国家大学科技园资源配置有待优化，孵化效率都有较大提升空间。

②人均 GDP。计算结果表明，该变量与孵化基金投入松弛变量的回归系数为负；与从业人员投入、固定资产投入松弛变量的回归系数为正。说明经济水平越高的省份有利于减少孵化基金的投入冗余，促进孵化基金有效利用，提高孵化效率。浙江、山东人均 GDP 较高，但也增加了国家大

学科技园固定资产和从业人员的投入冗余，降低资源使用效率。

③电信业务总量。计算结果表明，该变量与孵化基金投入和固定资产投入松弛变量的回归系数为负；与从业人员投入松弛变量的回归系数为正，但系数值较低。说明在以电信业务为代表的基础设施方面，电信业务总量越多的地区，可以降低孵化基金和固定资产的投入冗余，同时对从业人员投入冗余影响较小。

④互联网普及率。该变量与固定资产和从业人员投入松弛变量的回归系数为负，与孵化基金投入松弛变量的回归系数为正。说明互联网普及率越高资源共享越便捷，可以降低固定资产投入和从业人员的投入冗余，同时对孵化基金投入冗余影响较小。在互联网主导的国家大学科技园服务体系中，会降低从业人员和固定资产投入，提高整体孵化效率。

⑤地方财政科技支出。该变量与从业人员投入松弛变量的回归系数为负值，与孵化基金投入和固定资产投入松弛变量的回归系数为正值。地方政府科技投入属于政府投入，加大政府科技投入，会增加孵化基金和固定资产的投入冗余，降低资源使用效率。在地方政府对科技投入相对较多时，额外的孵化基金投入和总资产投入会造成浪费；同时地方政府对科技的鼓励和支持会吸引更多创新型人才，缓解国家大学科技园从业人员投入冗余。

5项环境变量对投入松弛变量的影响并不一致，如果不进一步控制环境因素，就会造成孵化效率估计结果的偏差。通过第三阶段对投入变量调整，剔除环境因素的影响，使各决策单元处于相同环境下，提高国家大学科技园孵化效率估计结果的准确性。

（3）第三阶段调整后孵化效率分析

在第二阶段的基础上，利用调整后的投入数据和原产出数据，再次导入 Deap2.1 中，重新测度 28 个省份国家大学科技园孵化效率，如表 3 - 2 所示。调整后的全国技术效率均值由 0.747 下降到 0.702，纯技术效率均值由 0.851 上升到 0.896，规模效率均值为 0.786。与调整前相比，技术效率略有降低，纯技术效率有所提高，规模效率明显降低，限制国家大学科技园技术效率提升的主要原因是纯技术效率不高。四大板块技术效率由高到低依次是中部—东北—西部—东部，西部技术效率由调整前 0.884 降至调整后 0.706，下降明显。规模收益递增省份由 6 个增加到 21 个，仅北京、山东两个省份规模收益递减，规模收益不变的省份由调整前 10 个减少为 5 个。环境因素在一定程度上制约了中部和东北地区国家大学科技园孵化效率。天津、河北、福建、广东、山西、广西、重庆、贵州、云南、甘肃、宁夏、新疆、吉林 13 个省份技术效率有所下降，其他各省技术效率均有不同程度上升，上海、四川、陕西技术效率上升为 1。在控制环境因素后，国家大学科技园孵化效率较高地区由调整前的西部地区转向中部地区，调整后中部、东北和西部地区孵化效率较为接近，东部孵化效率有所下降。14 个省份国家大学科技园的规模效率呈现不同程度下降，广西、山西、福建、吉林下降幅度分别为 58.9%、52.3%、49.9%、40.4%，环境和随机因素影响了调整前的规模效率。

国家大学科技园创新孵化和成果转化能力，已成为区域经济服务能力的重要支撑。一流的国家大学科技园是一流大学的重要标志之一，是"创业苗圃 + 孵化器 + 加速器"科技创业服务链的关键环节。为依托国家大学科技园全面提升创业孵化服务能力，构建创新创业孵化生态系统，基于三阶段 DEA 模型测算 28 个省份 2016 年国家大学科技园孵化效率。结果表明，剔除环境和随机因素后，国家大学科技园技术效率被高估 6%，规模效率被高估 10%，纯技术效率被低估 5.3%。调整后中部地区技术效率和纯技术效率增幅最高，分别上升 12% 和 29.3%，其次是东北地区，环境因素制约了中部和东北地区技术效率提升。调整后技术效率中部和东北地区被低估，东部和西部地区被高估，环境因素主要制约中部大学科技园孵化效率提升。全国技术效率和规模效率被高估，纯技术效率被低估，但高估程度大于低估程度。调整后规模收益递增省份由 6 个增加到 21 个，环境因素在一定程度上制约了中部和东北地区国家大学科技园孵化效率提升。环境变量作用表现在：完善地区基础设施，强化信息共享，可提高国家大学科技园孵化效率；推动区域经济发展提高政府科技支持强度，可以分别降低孵化基金和从业人员投入冗余，但人力资本密集程度对孵化效率提升有一定的延迟。

115个国家大学科技园总量与146个国家高新区总量相比，2016年从业人员占比0.73%，年末资产占比0.01%，工业总产值占比仅0.07%，孵化优势需进一步提升：（1）高投入、高效率模式省份，应积极对接区域国家高新区需求，形成大学科技园与高新区的良性互动；（2）高投入、低效率模式省份，针对性引导区域战略性新兴产业的企业孵化和成果转化，将规模优势转化为效率优势；（3）低投入、高效率模式省份，继续发挥国家大学科技园集聚优势，保持较高孵化效率，同时适度增加孵化基金投入，强化区域主导产业的科技创业服务；（4）低投入、低效率模式省份，应以纯技术效率提升带动规模效率提升，以区域特色产业培育引导大学科技园企业孵化，形成技术需求与市场需求的两端带动。研究不足在于与随机前沿效率评价相比，国家大学科技园孵化效率采用的截面相对有效性评价，难以动态反映国家大学科技园孵化效率变化趋势；同时，以在孵企业作为产出对象，忽略了累计毕业企业效益，有待以后调整评价体系，动态反映孵化效率的纵向差异。

3.2 ▶ 众创空间服务效率多阶段测度

众创空间是一种创新型孵化器，能够满足大众创新创业需求，将创新与创业、线上与线下、投资与孵化有效地联系在一起，以实现全要素运营、便利化运营、低成本运营、开放式运营为目的。作为推动社会创业的重要活动，众创空间顺应了创新2.0时代用户与开放创新、协同与大众创新的新趋势。作为一种重要的服务平台，众创空间不仅提供工作和网络共享空间，还提供资源和社交共享空间。从传统孵化器到创新工场等新型孵化器再到众创空间，创新孵化模式转变是发展质量进一步提高的重要方式和途径。作为最具活力的创新增长极和科技产业基地，168 个国家高新区为众创空间的演化和发展提供了良好契机。为顺应知识经济发展趋势，《关于发展众创空间推进大众创新创业的指导意见》的纲领性文件发布，标志着国家层面为支持大众创新创业开始大力部署众创空间平台。

众创空间作为实现理论创新、制度创新、科技创新和文化创新的有效实际载体，与国家贯彻实施的创新驱动发展战略相呼应，极大地优化了产业发展环境，加强创新人才流动，提高企业创新能力，提升创新资源配置效率。众创空间发展时间较短，在政府支持下民间投入积极性高。自 2015 年众创空间元年至今，统计众创空间数量由 2016 年 4 298 家，上升到 2017 年 5 739 家，众创空间总收入 2017 年达到 152.9 亿元。但众创空间区域发展不协调，地域和数量集聚，速度快但规模不经济，众创政策大同小异却实施不精准，导致众创空间缺乏精耕细作的能力，同质化较严重，严重降低了服务效率和创新活力。多阶段测度众创空间服务效率，会对众创空间的高效运转和促进经济快速发展起到关键性作用，为众创空间经营者提高服务效率提供帮助与支持。

对众创空间发展模式、体系构建、结构维度、运行机制等研究，主要集中在 3 个方面：一是对众创空间现状及对策研究，以知识产权服务体系（曾莉、戚功琼，2017），众创空间未来研究框架（李燕萍、陈武，2017），创新创业生态系统（贾天明等，2017），科技企业孵化器（罗逾兰等，2016）和发展模式进行深入分析对比；二是众创空间发展环境研究，众创空间是由多个创业主体及其所处创业环境构成，彼此间交互复杂而又整体联系（向永胜、古家军，2017），建立众创空间系统框架（孙荣华、张建民，2018），众创空间创业生态系统体现开放、竞争、网络、动态和共生五大特征（汪群，2016），以及创造性集群的空间特征（He JL, Gebhardt H，2014）；三是众创空间内部影响结构和效率研究，众创空间是服务与被服务关系（崔祥民、田剑，2018），采用 DEA 测度众创空间产业效率（陈章旺等，2018），探究众创空间结构及知识交互机制的影响因素（余菲菲、钱超，2017），将孵化器分为完全低效型、规模低效型和技术低效型孵化器（翁莉、殷媛，2016），科技企业孵化器子系统与在孵企业子系统两者协同发展（顾静，2015），创客进驻城市众创空间有正向影响（邬惠婷等，2017），共享度、人力资本水平和企业数影响众创空间运行绩效（尹国俊、倪瑛，2017），众创空间已成为区域产业转型升级的推动力（刘亮、吴笙，2017），应重点发展产业集群（张丹宁等，2017）。

已有众创空间文献多从众创空间内涵特点方面研究，存在扎堆的定性分析，集中在城市的研究多，具有地域性差异和政策性差异，提出的问题和意见不具有普适视角性代表意义，较少有关于众创空间服务效率评价的相关研究；并且多停留在理论阶段和定性分析上。对于众创空间服务效率的研究有助于丰富和拓展众创空间的理论，为众创空间的新进者提供指导借鉴。因此，运用分析模型工具对变量进行定量分析，通过对众创空间服务运营、团队企业等各方面进行综合分析，尝试从中找出众创空间服务效率的影响因素，对众创空间服务效率建立多维度指标，对规模收益变化和其他相关性数据进行有效分析，从多方面进行众创空间的投资和转化分析，最大限度地减少冗余度，提高众创空间服务效率。

3.2.1　服务效率评价指标体系构建

（1）两阶段共同边界的指标体系构建

为反映众创空间实践运作情况，促进众创空间高效运转，根据众创空间服务效率的预估影响因素建立共享投入；对中间服务产出和最终服务产出指标，进行服务效率和转化效率两阶段测度，利用前后关联的两阶段进行递推分析（沈能、周晶晶，2018），侧重于众创空间服务效率的横向比较。

第一阶段测度众创空间创建初期的服务效率，选取服务人员数量、创业导师人数、享受财政资金支持额和提供工位数4项指标，衡量众创空间服务效率的初始投入。其中服务人员数量以及创业导师人数反映众创空间服务双创的人力资本投入，享受财政资金支持额体现众创空间创设初期政府的扶持力度，提供的工位数反映众创空间的基础服务与辅导能力。这些基础投入作为两阶段共同享用的人财物力资源，是众创空间服务效率提升的重要因素。

选取举办创新创业活动，开展创新教育培训场次，当年服务的创业团队数量，以及团队及企业当年获得投资总额，作为第一阶段中间服务产出，也是作为第二阶段的最终服务投入。由于第一阶段投入适量服务人员、导师指导和财政资金支持及工位数，在一定时间转化后，众创空间具有发展和提升能力，能够转化成更多服务资源来提高服务效率。

第二阶段测度众创空间最终服务转化效率。选取大学生创业数、新注册企业数量、众创空间总收入 3 项指标，分析众创空间最终服务产出效率。3 项指标是众创空间创业服务效率的重要体现，是第一阶段服务深度转化体现，如图 3 - 1 所示：

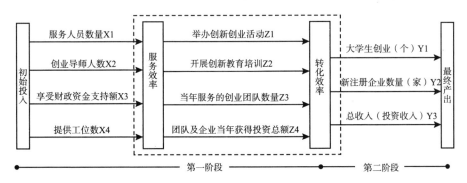

图 3 - 1　众创空间服务效率两阶段共同边界指标体系

（2）三阶段 DEA 指标体系及环境变量选取

根据众创空间两阶段服务效率的影响因素，确定初始投入，最终产出，通过研究对众创空间服务效率具有重要意义但是并不能受其本身控制的因素，确定三阶段 DEA 环境变量，试图找出省域众创空间服务效率差异，探寻制约众创空间服务效率提升的环境因素（王玉梅、姬璇、吴海西，2019）。

为全面评价众创空间服务效率，根据众创空间在各省市分布现状和服务水平，结合众创空间发展前期的普遍需求，分别选取了服务人员数量、提供工位数、开展创业教育培训场次 3 项指标，作为众创空间三阶段服务效率的初始投入。服务人员数量和开展创业培训，反映众创空间双创服务的人力资本投入；提供的工位数反映众创空间的基础服务与辅导能力。选取当年服务的创业团队数量、团队及企业当年获得投资总额、众创空间总收入（投资收入）3 项指标作为众创空间服务效率的最终产出。众创空间是省市创新孵化的重要基地，能够在短时间内集聚大量人才和资金为双创提供最基本的保障。因而服务对象和获得投资总额总收入的数量是众创空间服务效率高低的重要产出。

环境变量对众创空间服务效率产生影响，但并不受众创空间的影响。选取的环境变量因素有反映区域对外开放程度，用外商投资企业数来表示；反映区域接纳创新人才力度，用留学归国创业人数来表示；反映区域众创空间发展规模，用统计众创空间数量来表示。数据来源于《中国火炬统计年鉴（2017）》众创空间省域数据（西藏数据缺失），以及国家统计年鉴分地区数据，数据真实可靠可信，众创空间服务效率三阶段指标体系，如表 3 - 4 所示：

表 3 - 4　　　　　　　　众创空间服务效率三阶段指标体系

三阶段	指标	三阶段	指标
初始投入	服务人员数量（人）	最终产出	当年服务的创业团队数量（个）
	提供工位数（个）		团队及企业当年获得投资总额（千元）
	开展创业教育培训（场次）		众创空间总收入（投资收入）
环境变量	外商投资企业数（个）		
	留学归国创业（人）		
	统计众创空间数量（个）		

3.2.2　基于两阶段共同边界 DEA 的服务效率

运用 DEAP2.1 软件，通过 BCC 模型测度 30 个省市地区及新疆兵团的技术效率、纯技术效率和规模效率，众创空间服务效率 3 项效率均值，第一阶段依次为 0.898，0.958，0.937，第二阶段依次为 0.785，0.877，0.892。第二阶段低于第一阶段各项效率均值。第一阶段实证结果表明，众创空间纯技术效率略高于规模效率，说明众创空间综合效率中纯技术效率因素起主导作用，技术因素作用大于规模因素；而第二阶段规模效率略高于纯技术效率，规模效率起主导作用，服务转化规模优势明显。两阶段数据来源于中国火炬统计年鉴，结果如表 3-5 所示：

表 3-5　　　　　　众创空间两阶段共同边界 DEA 效率值

省域	第一阶段中间服务效率（共同边界）				第二阶段服务转化效率（共同边界）			
	技术效率	纯技术效率	规模效率	规模收益	技术效率	纯技术效率	规模效率	规模收益
北京	1	1	1	—	1	1	1	—
天津	0.939	1	0.939	drs	1	1	1	—
河北	0.834	1	0.834	drs	0.626	0.732	0.855	drs
山西	1	1	1	—	0.693	0.725	0.955	drs
内蒙古	0.767	0.775	0.99	drs	0.763	1	0.763	drs
辽宁	1	1	1	—	1	1	1	—
吉林	0.737	0.84	0.877	drs	0.556	0.626	0.888	drs
黑龙江	0.974	1	0.974	drs	0.838	0.89	0.941	drs
上海	1	1	1	—	0.676	0.683	0.99	drs
江苏	0.77	0.879	0.876	drs	0.664	0.806	0.823	drs
浙江	0.975	1	0.975	drs	1	1	1	—
安徽	0.869	0.935	0.93		0.751	0.762	0.985	irs

续表

省域	第一阶段中间服务效率（共同边界）				第二阶段服务转化效率（共同边界）			
	技术效率	纯技术效率	规模效率	规模收益	技术效率	纯技术效率	规模效率	规模收益
福建	0.74	1	0.74	drs	0.508	0.645	0.788	drs
江西	0.857	0.888	0.965	drs	0.941	1	0.941	drs
山东	1	1	1	—	0.658	1	0.658	drs
河南	0.945	1	0.945	drs	0.825	1	0.825	drs
湖北	1	1	1	—	0.591	0.78	0.757	drs
湖南	0.786	0.831	0.946	drs	0.597	0.622	0.959	irs
广东	0.892	1	0.892	drs	0.488	0.652	0.749	drs
广西	0.858	1	0.858	irs	0.915	1	0.915	drs
海南	1	1	1	—	0.798	1	0.798	irs
重庆	0.554	0.592	0.936	drs	0.885	1	0.885	drs
四川	0.897	1	0.897	drs	0.634	0.82	0.773	drs
贵州	0.983	1	0.983	drs	0.997	1	0.997	irs
云南	0.647	1	0.647	drs	1	1	1	—
陕西	0.831	0.963	0.863	drs	0.832	0.985	0.845	drs
甘肃	1	1	1	—	0.567	0.737	0.769	drs
青海	1	1	1	—	1	1	1	—
宁夏	1	1	1	—	0.674	0.753	0.895	irs
新疆	1	1	1	—	0.995	1	0.995	irs
新疆兵团	0.997	1	0.997	irs	0.852	0.956	0.891	irs
均值	0.898	0.958	0.937		0.785	0.877	0.892	

（1）两阶段技术效率分析

在众创空间服务效率第一阶段中，北京、山西、辽宁、上海等11个省市技术效率为1，重庆技术效率最低，为0.554；第二阶段中，北京、天津等6个省市技术效率为1，最低值广东省为0.488。在第一阶段DEA

有效的 11 个省市中，有 4 个地区属于东部沿海经济发达地区，经济实力和基础设施相对完善，DEA 相对有效；4 个中部省因地理位置相对较好，周边辐射带动作用强，也达到有效水平，投入的双创资金人力能有效转化；还有 3 个省位于较为偏远的西部，经济水平弱于中东部，但政府大力扶持和资金政策倾向使得技术效率有效。而在第二阶段 DEA 有效省域则减少近一半，说明较多省域在第一阶段服务效率中投入大量资源并未得到充分转化，或存在投入冗余导致服务资源浪费和产出不足等现象，转化效果并不明显。

（2）两阶段纯技术效率与规模效率分析

两个阶段技术效率有效的省市，纯技术效率均有效。由表 3 - 2 可知，众创空间服务效率的纯技术效率在 0.7 以下的省市，第一阶段仅有重庆 1 个地区，占样本总量的 3.23%；第二阶段有吉林、上海、福建、湖南、广东 5 个，占样本总量的 16.13%。这表明我国众创空间各种投入要素在发展转化过程中纯技术效率值差异较大，还有待提高。各省市的投入结构有优化调整的空间。对比两个阶段的规模效率，绝大多数省域的纯技术效率都高于规模效率，这说明较多省域众创空间服务结构优势明显，但服务效率无法提高的原因之一是受规模限制，很多众创空间初步建立未成一定规模，难以发挥众创空间的辐射带动作用，可通过扩大此类省域众创空间规模以提升综合效率，达到辐射带动作用。

（3）两阶段规模报酬变化

两阶段中规模收益处于不变和递增状态的均有 13 个省域，占样本总量的 41.94%，说明省域内部生产要素的增加比例不高于增加量所带来的产量增加比例，规模有效状态有利于众创空间服务效率和转化效率的提升。而规模收益递减省域，需及时调整投入产出结构调整规模收益趋势，以提升众创空间服务效率。规模收益递减省域，在两个阶段基本同时递减，制约众创空间经济社会效益进一步发挥，需引起重视并加以改善。

从投入冗余率和产出不足率分析（原始数据略），在第一阶段服务效率中有 23 个省市众创空间投入产出达到相对最优。在投入调整方面，主要从享受财政资金支持额、提供工位数和服务人员数量的比率等方面减小投入力度，产出方面是团队及企业当年获得投资总额、当年服务的创业团队数量需作调整。以江苏省最为明显，享受财政资金支持额存在冗余，但团队和企业当年获得投资总额则显示产出不足，投入过多而未转化成相应产出，导致资金浪费严重和投入冗余。而在第二阶段服务转化效率中，北京、天津等15个省市的众创空间投入产出达到最优，相对于第一阶段有所减少。北京、天津、辽宁、浙江、山东、河南、广西、海南、贵州、云南、青海、新疆12个省市，在两个阶段同时达到投入产出相对最优，说明此类省域众创空间服务和转化效率都较好，投入和产出也相对有效。在第二阶段中举办创新创业活动投入量较大，投入冗余，而众创空间总收入产出不足，说明很多投入量并未起到真正服务和转化作用而导致冗余浪费和产出不足。但是由于很多外在条件因素的影响，众创空间在改善过程中需谨慎调整服务结构，因而进行剔除环境变量和噪声因素的三阶段 DEA，分析众创空间服务效率是非常重要和有必要的。

（4）两阶段服务效率模式分析

以众创空间第一阶段服务效率为横坐标，第二阶段转化效率为纵坐标，以服务效率值 0.75，转化效率值 0.7 为中点划分，各省域众创空间两阶段过程呈现 4 类模式，如图 3-2 所示。

低服务高转化效率模式，包括重庆和云南，两省市众创空间发展状态都有服务转化水平较高但初期投入不足。重庆在第一阶段存在产出不足的现象，主要是当年服务的创业团队数量相对较少，导致服务效率较低。此类众创空间应在保持服务能力的同时优化调整服务策略。

高服务高转化效率模式，此类型众创空间发展状态效率最佳，能够基本达到 DEA 有效，投入冗余和产出不足现象相对较少，包括北京、贵州、浙江、辽宁、江西、天津、新疆、青海、广西、黑龙江、新疆兵团、陕西、河南、海南、内蒙古、安徽16个省区市。此类地区本身具有较强政策优势和众创空间运行能力，可在保持服务优势的同时关注众创空间动态，实时更新服务战略，以求达到更高众创空间服务效率，更好地为众创空间发展服务。

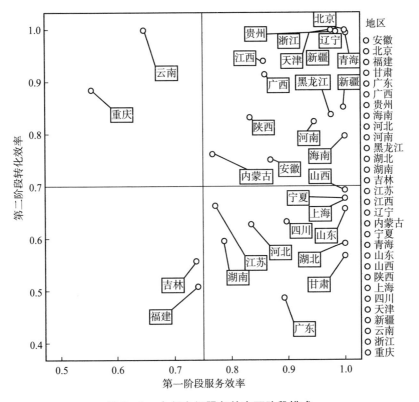

图 3 - 2 众创空间服务效率两阶段模式

低服务低转化效率模式，包括吉林和福建两省，都处于规模收益递减状态。吉林省第一阶段提供工位数出现冗余导致资源浪费，举办创新创业活动和当年服务创业团队数量产出不足，造成吉林第一阶段服务效率较低。故第二阶段吉林投入过量精力在举办创新创业活动和当年服务创业团队数量上，使第二阶段情况有所缓解，未出现产出不足的现象。福建省在第二阶段投入了过量资源在当年服务创业团队数量项目上，导致第二阶段转化效率较低。此类众创空间需缩减支出，增加投入量，形成更适当组合，并深入分析各个服务项目的有效比例。

高服务低转化效率模式，包括山西、宁夏、上海、四川、山东、河北、湖北、江苏、湖南、甘肃、山东共 11 个省市区。此类众创空间可以通过改善服务策略，减少不必要支出，或者在第二阶段合理增加投入服务项目比例，促进转化效率的提升，提高众创空间服务效率。

3.2.3 基于三阶段DEA的服务效率测度

（1）第一阶段BCC模型效率分析

在三阶段DEA的第一阶段，基于BCC模型方法，测度省域众创空间的综合效率、纯技术效率和规模效率，结果如表3-6所示。众创空间服务效率第一阶段技术效率均值为0.5，纯技术效率均值为0.723，规模效率均值为0.688。处于效率前沿面上的北京、天津、青海众创空间规模收益不变，上海、海南众创空间规模收益递增，其余省域规模收益均呈递减趋势。第一阶段实证结果表明，众创空间的纯技术效率略高于规模效率，纯技术效率因素起主导作用，规模效率影响了众创空间服务效率的整体提升。

表3-6　　　　　　三阶段调整前后的众创空间服务效率

省域	调整前（第一阶段）				省域	调整后（第三阶段）			
	技术效率	纯技术效率	规模效率	规模收益		技术效率	纯技术效率	规模效率	规模收益
北京	1	1	1	—	北京	1	1	1	—
天津	1	1	1	—	天津	1	1	1	—
河北	0.314	0.642	0.489	drs	河北	0.833	0.989	0.843	irs
山西	0.374	0.631	0.593	drs	山西	0.727	0.99	0.734	irs
内蒙古	0.472	0.787	0.6	drs	内蒙古	0.727	0.997	0.729	irs
辽宁	0.64	1	0.64	drs	辽宁	0.921	1	0.921	irs
吉林	0.318	0.328	0.969	drs	吉林	0.314	0.858	0.366	irs
黑龙江	0.375	0.551	0.681	drs	黑龙江	0.372	0.971	0.384	irs
上海	0.957	0.976	0.98	irs	上海	0.731	0.856	0.854	irs

续表

省域	调整前（第一阶段）				省域	调整后（第三阶段）			
	技术效率	纯技术效率	规模效率	规模收益		技术效率	纯技术效率	规模效率	规模收益
江苏	0.363	0.672	0.54	drs	江苏	0.808	0.832	0.97	irs
浙江	0.488	0.779	0.626	drs	浙江	0.863	0.927	0.931	irs
安徽	0.279	0.462	0.604	drs	安徽	0.49	0.897	0.547	irs
福建	0.457	0.785	0.582	drs	福建	0.887	0.937	0.947	irs
江西	0.761	0.768	0.991	drs	江西	0.738	0.963	0.767	irs
山东	0.256	0.687	0.373	drs	山东	0.82	0.837	0.98	drs
河南	0.458	0.777	0.589	drs	河南	0.786	0.936	0.839	irs
湖北	0.604	1	0.604	drs	湖北	0.785	1	0.785	irs
湖南	0.27	0.403	0.669	drs	湖南	0.359	0.844	0.425	irs
广东	0.428	1	0.428	drs	广东	0.85	1	0.85	drs
广西	0.336	0.479	0.702	drs	广西	0.202	0.975	0.207	irs
海南	0.421	0.459	0.918	irs	海南	0.083	0.986	0.084	irs
重庆	0.433	0.543	0.796	drs	重庆	0.667	0.982	0.679	irs
四川	0.422	0.864	0.488	drs	四川	0.855	0.958	0.892	irs
贵州	0.382	0.733	0.522	drs	贵州	0.442	0.987	0.448	irs
云南	0.232	0.381	0.608	drs	云南	0.382	0.818	0.467	irs
陕西	0.249	0.39	0.638	drs	陕西	0.49	0.789	0.621	irs
甘肃	0.635	1	0.635	drs	甘肃	1	1	1	—
青海	1	1	1	—	青海	0.079	1	0.079	irs
宁夏	0.526	0.687	0.765	drs	宁夏	0.153	0.992	0.154	irs
新疆	0.565	0.914	0.618	drs	新疆	0.354	1	0.354	irs
西部	0.477	0.707	0.670		西部	0.470	0.954	0.512	
中部	0.458	0.674	0.675		中部	0.648	0.938	0.683	
东部	0.568	0.800	0.694		东部	0.788	0.936	0.846	
东北	0.444	0.626	0.763		东北	0.536	0.943	0.557	
全国	0.500	0.723	0.688		全国	0.624	0.944	0.662	

在众创空间服务效率调整前第一阶段中，北京、天津、青海 3 个省域技术效率为 1，属于 DEA 有效（$\theta=1$）；最低值在云南，仅为 0.232；轻度 DEA 无效（$0.7 \leqslant \theta < 1$）的省市有上海和江西；中度 DEA 无效（$0.4 \leqslant \theta < 0.7$）有 13 个省域：内蒙古、辽宁、浙江、福建、河南、湖北、广东、海南、重庆、四川、甘肃、宁夏、新疆；其余 12 个省域为严重 DEA 无效（$\theta < 0.4$），技术效率处于 0.2 ~ 0.4，基本都是矿产大省，传统第二产业比重较高，而贵州众创空间规模效率高于邻省，受益于贵州建立大数据中心政策支持。在第一阶段中，规模收益处于不变和递增状态的仅有 5 个省域，更多省域众创空间规模收益递减。

（2）第二阶段基于 SFA 回归分析

第二阶段构建 SFA 回归模型，将第一阶段众创空间服务人员数量、提供工位数数量和开展创业教育培训场次 3 项投入变量的松弛变量，作为被解释变量，选取外商投资企业数、留学归国创业人数以及统计的众创空间数量总量作为解释变量，考察 3 个环境变量对 3 个投入项松弛变量的影响。当回归系数为正值时，表示增加该解释变量将会增加投入松弛量，导致服务效率降低；当回归系数是负值时，增加该解释变量有利于减少投入松弛量，提高服务效率，结果如表 3 - 7 所示。总体来看，混合误差项基本是由于管理无效率导致。

表 3 - 7　　　　　　　　SFA 第二阶段估计结果

项目	服务人员数量投入松弛	提供工位数投入松弛	开展创业教育培训投入松弛
常数项	- 3 600. 29 *** （1. 00）	- 2 871. 18 （2 062. 07）	- 380. 87 （184. 53）
外商投资企业数	- 0. 05 *** （0. 00）	- 0. 11 *** （0. 10）	- 0. 02 *** （0. 01）
留学归国创业	2. 64 *** （0. 07）	- 2. 91 （5. 34）	0. 04 *** （0. 61）

续表

项目	服务人员数量投入松弛	提供工位数投入松弛	开展创业教育培训投入松弛
统计众创空间数量	16.47 *** (0.08)	31.92 (24.25)	6.23 *** (1.56)
σ^2	23 174 018	112 583 180.00	854 212.90
γ	1	0.95	0.78

注：括号内为标准差，***、**、*分别代表在1%、5%、10%的统计水平下显著。

环境变量外商投资企业数，与服务人员数量、提供的工位数以及开展教育培训3项投入松弛变量的回归系数均为负值，且系数值较低，说明外商投资企业数的数量越多，会减少众创空间服务人员数量、提供的工位数以及开展创业教育培训的投入冗余。江苏、上海、山东和河北等省市众创空间资源配置有待优化，服务效率有较大提升空间。

环境变量留学归国创业人数，与提供工位数的松弛变量的回归系数为负，与服务人员数量和开展教育培训投入松弛变量的回归系数为正。说明留学归国创业的人数越多，越有利于缓解众创空间提供工位数投入的压力，从而减少投入冗余提高服务效率。但同时，由于留学归国创业者知识能力相对较高，创业意识也较为浓厚，会造成众创空间的服务人员数量和开展创业教育培训的投入冗余增多，在一定程度上不利于众创空间资源的有效利用，影响众创空间服务效率提升。

环境变量统计众创空间数量与服务人员数量，提供的工位数以及开展创业教育培训3项投入松弛变量的回归系数也均为正值，说明省市需要的众创空间数量需要统筹布局，过多的众创空间数量而企业相对量不足时会出现供需不对应的局面，导致资源浪费。同时，众创空间地理位置也是一个很重要的影响因素，与服务企业过于集中或分散，会产生不一样的投入效果，导致资源投入冗余或投入不足，从而降低众创空间的服务效率。

（3）第三阶段调整后服务效率分析

剔除环境因素和统计噪声影响后，第三阶段众创空间服务技术效率均值由调整前的 0.5 上升到调整后的 0.624。技术效率上升的有河北、山西、内蒙古、辽宁等 18 个省市，下降的有吉林、黑龙江、青海等 9 个省市，其中以青海降幅最大。从 DEA 有效降到了无效区域，表明受环境变量和统计噪声的影响，青海省众创空间规模效率被高估。而北京、天津无变化，仍为 DEA 有效，说明两地众创空间有无环境影响服务效率都很高，资源得到了合理充分的利用。

众创空间纯技术效率整体呈上升趋势，均值由调整前的 0.723 上升为调整后的 0.944。其中纯技术效率上升的有 21 个省市，纯技术效率仅上海下降，但同时上海地理位置优越，人才集聚，经济发展水平高，政府高度重视，纯技术效率在高位上升空间有限。

众创空间规模效率均值由调整前的 0.688 降至调整后的 0.662，降幅较小。调整之后规模效率上升的有 13 个省市，以山东增幅最大，从调整前的 0.373 上升到调整后的 0.98，山东众创空间集聚对众创空间投入变量调整后管理无效率制约明显减弱。北京、天津处于规模效率不变。规模效率下降的 15 个省域大多纯技术效率都在提升，且提升幅度大于降幅，故第三阶段调整后众创空间服务效率仍有所上升，说明剔除了环境因素后能够更加合理地进行众创空间资源投放，从而提高服务效率。

从规模收益来看，处于递增状态的省域数量由 9 个上升为 25 个，处于递减状态的省域数量由 27 个下降为 2 个，表明剔除环境变量影响后众创空间规模收益扩大。广东和山东在调整前后均处于规模收益递减状态，众创空间数量多，并且发展环境好，但由于不合理投入和非精细管理导致浪费现象较为严重。规模收益递增的省市主要集中于中西部地区，这些省市对双创服务发展的投资力度不够，一旦调整管理方式和增加投资，服务效率会得到很大的提升。

（4）四大区域板块服务效率差异

为分析不同区域环境对众创空间服务效率的影响，将所研究的 30 个省域按照东、中、西和东北四大板块，对四大区域调整前后的各项效率值进行对比。众创空间服务效率均值沿东部—中部—东北—西部依次递减。东部众创空间服务效率的技术效率和规模效率均值高于其他地区，但纯技术效率优势不明显。东部地区具有良好的地缘环境，经济发展水平高，创新人才技术集中，众创空间起步早，集群效应明显。四大板块众创空间纯技术效率提升明显，但东北及西部调整后规模效率下降，西部地区规模效率降幅大于纯技术效率升幅，导致西部地区众创空间技术效率降低。

中部和东北地区的技术效率和规模效率均值低于东部地区，技术效率均值低归结为规模效率低。中部和东北部地区受到东部地区辐射带动作用较强，接收和学习众创空间发展理念和方法，纯技术效率显著，但规模大的众创空间不多，呈现出分散，小规模的特征，集中度较低。如果不进行相关调整，众创空间的服务效率会难以提高，导致投入冗余和资源浪费。

调整后西部众创空间服务效率均值最低，与西部经济发展水平密切相关。与其他地区相比，西部地区经济发展水平相对落后，大众创业、万众创新意识还比较薄弱，因而众创空间的兴起和发展也较为缓慢，研发投入不足，人才流失现象严重，抗风险能力差，但是国家大力扶持西部地区，政策倾向性明显，为西部众创空间长期可持续发展营造了较为良好的环境。

根据众创空间基本运作情况，运用 DEA 模型构建众创空间服务效率两阶段和三阶段模型，对众创空间整体服务效率进行指标评价和分析。根据众创空间不同阶段不同地区服务的比较，使众创空间能够更高效精准投入，更高双创服务和转化效率，更好地服务于企业。结果表明：省域众创空间服务效率差异较大，部分地区存在较大的投入冗余和产出不足现象导致资源浪费，服务效率有待提高。四大板块众创空间服务效率沿东部—中部—东北—西部依次递减。技术效率调整前西部高于中部和东北，而调整后西部则最低，位于中部和东部地区之后，说明在调整前西部地区众创空间技术效率被高估，存在资源浪费现象。纯技术效率由调整前东北地区最

119

低，变为调整后四大板块较为接近，说明环境变量影响使东北地区众创空间的纯技术效率被低估。四大板块众创空间服务规模效率由调整前均值相当，变为调整后东部明显上升。四大板块区域差异显著。

通过两阶段共同边界的数据包络分析方法，测度省域众创空间服务效率，结果表明第一阶段中间服务产出的主导因素为纯技术效率，第二阶段最终服务转化的主导因素为规模效率，第二阶段省域各项效率均值均低于第一阶段。通过三阶段 DEA 模型测度，调整后省域众创空间服务的技术效率和纯技术效率上升，规模效率下降，纯技术效率优势明显；增加外商投资企业数量有助于提高众创空间服务效率，留学归国创业人数和众创空间数量对服务投入形成替代。

众创空间服务效率存在明显的地区差异，为进一步提升省域众创空间服务效率：（1）东部整体服务水平较高的省域众创空间，应在保持区域优势的基础上，更多接收和学习其他国家和地区众创空间发展的良好模式和方法，推动众创空间更多地与企业接轨，与国际接轨，从而减少服务资源浪费，进一步增加经济和社会效应；中部和东北部地区在纯技术效率水平提高的同时，可通过政策引导扩大规模效应，更好发挥地缘优势，学习和借鉴东部众创空间良好发展经验，发挥区域辐射带动作用，更好地提升本地区以及西部众创空间发展水平。西部应充分发挥政策支持优势，吸纳人才集聚，加强与东中部众创空间学习交流，为更多企业成立创造良好条件，从而为众创空间创造更良好的发展空间。（2）扩大众创空间服务产业对象，优化产学研合作联盟，整合众创空间可服务的各类企业、加强与科研院所和高校的服务资源对接，拓宽服务对象。同时促进众创空间服务过程中投入要素的合理配置，尽量减少和避免众创空间投入冗余和资源浪费，进而全面提升众创空间的中间服务产出和最终服务转化效率。（3）发挥区域政府决策引导，结合区域经济基础，有效利用众创空间投资，让真正需要资金扶持的众创空间能够获得资金支持，提高服务效率，引导众创空间良性健康发展，以更加精准的投入产生更大的社会经济规模效应，发挥对创新创业的辐射带动作用。同时也存在不足有待改进，选取众创空间发展情况年限较为单一，应选取多个年份纵向分析，避免出现偶然性；众创空间环境变量可以更多维度，从多方面解释众创空间服务效率的影响因素及发展环境差异，从而更好地促进众创空间服务效率的提升，更好地为区域双创服务。

<table>
<tr><td></td></tr>
</table>

3.3 ▶ 大学科技园与众创空间孵化互动

国家大学科技园是国家创新体系的重要组成部分，服务产业集群发展，培育区域经济发展新动能，是高校服务社会、师生创新创业、技术成果转化的重要载体，为众创空间发展提供多方位支持。国家备案众创空间纳入国家级科技企业孵化器管理服务体系，进一步强化企业、科研机构和高校的协同创新，与国家大学科技园、科技企业孵化器等创新载体共同形成创新创业生态体系。国家大学科技园以高校为依托，推动高校科教与市场创新资源结合，科技、教育、经济的融通创新和融合技术，人才、技术、资本、信息等多元创新要素集聚的"一结两融四集聚五功能"，国家备案众创空间功能主要体现为"三结合四推动"，实现创业场地、投资孵化、辅导培训、技术服务、项目路演、信息市场"六对接"。大学科技园与众创空间形成分类发展的孵化生态结构，促进知识、技术、资源的多层次及多渠道流动，推动创新主体优势互补，提升整体创新孵化能力，如表3-8所示。

表3-8　　　　　　国家大学科技园与国家备案众创空间比较

比较指标	国家大学科技园	国家备案众创空间
创设时间	2002 年	2015 年
管理部门	科技部，教育部	科技部火炬中心

续表

比较指标	国家大学科技园	国家备案众创空间
主要功能	五功能：创新资源集成、科技成果转化、科技创业孵化、创新人才培养、促进开放协同发展	三结合：创新创业、线上线下、孵化投资结合，四推动：推动应用新技术、开发新产品、开拓新市场、培养新业态
两者关联	建有众创空间等双创平台	运营管理主体可以为高校或各学院
运营时间	2 年以上	18 个月以上
在孵企业	50 家以上	年入驻创业团队或企业不低于 20 家
服务对象	符合小型、微型企业划分标准 50% 以上企业与依托高校实质关联	大众创新创业者，主要包括创业团队、初创公司或创客群体
面积场地	不低于 1.5 万平方米	不低于 500 平方米或 30 个创业工位
孵化面积占比	不低于 60%	不低于 75%
入驻时间	不超过 4 年（2006 年规定为 3 年）	不超过 2 年
动态管理	每 3 年开展一次评价	每年开展一次备案工作，适时评价
管理方式	认定管理	备案管理
认定数量	2014 年第 10 批 21 家 10 批次共认定 115 家	2020 年确定 498 家累计 1 889 个

高校围绕优势专业领域，可以建设以成果转移转化为主要内容的众创空间；大学科技园通过增加源头技术创新的有效供给，为科技型创新创业提供专业化服务；众创空间可以通过借鉴大学科技园科技成果转化渠道，聚集高校创新资源，推动高校人才资源流动和科技成果快速转化，科研院所和高校可以围绕优势专业领域建设众创空间。服务科技型创新创业，聚焦战略性新兴产业细分领域，由龙头骨干企业、科研院所、高校牵头建设，以及科研院所与地方政府共建的新型研发机构、产业园区联合大企业建设的孵化载体等国家专业化众创空间，更加注重构筑完整的创业孵化链条。国家大学科技园 2002～2010 年（2007 年未认定）每年认定一批次，共认定 8 批次，2012 年和 2014 年分别认定第 9 批和第 10 批，10 批次总量达到 115 家。2015 年科技部启动国家级众创空间备案与认定

工作，前两批 498 家，2016 年 9 月第 3 批 839 家，2017 年 12 月确定 2017 年度 639 家，2020 年 4 月确定 2020 年度 498 家，近万家省域众创空间也成为国家备案众创空间遴选的蓄水池。同时科技部 2016 年、2017 年、2020 年开展 3 批次共 73 家国家专业化众创空间示范遴选及备案，专业化众创空间聚焦细分产业领域，依托主体有较强整合产业链和创新链资源能力。

2002～2014 年国家大学科技园认定 10 批次，2015～2020 年国家备案众创空间认定 4 批次，2016～2020 年国家专业化众创空间遴选确定 3 批次，众创空间是否进一步提升国家大学科技园孵化能力，或者补齐国家大学科技园孵化短板，众创空间多类型孵化是否降低了大学科技园孵化优势，国家大学科技园后续发展，是否由国家备案众创空间进行延续接力，等等，需要围绕国家大学科技园与众创空间孵化的相互影响、互动效应展开研究。众创空间分布整体呈现"东多西少"（卫武、黄苗苗，2020），应建立高效、可持续的资源聚合模式（尹国俊、蒋璐闻，2021），众创空间人力和资本投入对众创空间绩效有直接影响（刘彦平、钮康，2020），初创企业创业拼凑可以促进提升企业创新绩效（韩莹，2020），国家大学科技园和众创空间孵化效率差异显著（李荣，2019），"平台促进型"成为推进众创空间高创新产出的主要孵化模式（黄钟仪、赵骓、许亚楠，2020）。由此可见，国家大学科技园 20 年发展历程和孵化优势，推动国家备案众创空间快速成长，部分国家备案众创空间在高校或国家大学科技园的快速落地生根，形成"一科技园多空间"的一园多点布局，动态拓展了国家大学科技园的孵化渠道，提升在孵企业活力，两者孵化互动相互促进。

3.3.1　孵化互动效应评价指标体系构建

三阶段 DEA 方法的环境变量选取及效率测度的前后调整，可以较为全面地反映国家大学科技园与国家备案众创空间的孵化环境相互影响程度，合理控制环境变量，通过强化环境正向影响、弱化环境负向影响，更好地提升两者孵化效率和服务能力。

国家备案众创空间要求入驻创业团队每年注册成为新企业数不低于10家，或每年有不低于5家获得融资，创业团队作为国家备案众创空间的主要服务对象，既能体现孵化低成本、便利化，降低创业门槛，又能完善创新创业生态系统，弥补大学科技园在孵企业的单一性，减少国家备案众创空间服务的初创企业与大学科技园在孵企业的交叉重叠性；同时也有助于衡量在不超过两年的入驻时间内，动态转为国家备案众创空间初创企业的转化能力。

综合考虑，选取创业团队当年获得投资总额、创业团队人员数量作为国家备案众创空间孵化效率的投入变量，众创空间总收入、当年服务的创业团队数量，作为国家备案众创空间孵化效率的产出变量，选取新注册企业数量、提供工位数、众创空间服务人员数量作为国家备案众创空间对国家大学科技园孵化影响的环境变量。

选取国家大学科技园孵化基金总额和在孵企业从业人员数作为国家大学科技园孵化效率的投入变量，选取在孵企业总收入和在孵企业数量作为国家大学科技园孵化效率的产出变量，选取国家大学科技园的当年新孵企业数量、孵化用房面积、管理机构从业人员总数3个变量作为国家大学科技园对国家备案众创空间孵化影响的环境变量。

国家大学科技园和国家备案众创空间的投入产出及环境变量，数据来源于《2020中国火炬统计年鉴》，各变量描述性统计如表3-9所示。国家大学科技园7项指标变异系数的波动范围为1.07~1.51，国家备案众创空间7项指标变异系数的波动范围为1~4.18，国家备案众创空间创业团队当年获得投融资总额的变异系数最高，最大值接近百亿元，最小值不到百万元。众创空间总收入变异系数超过2，各省域众创空间收入差异也较为明显。2019年国家备案众创空间平均每个创业团队4人，平均每个创业团队获得投融资总额14.6万元，国家大学科技园平均每个在孵企业13人，平均每个在孵企业收入343.7万元。标准差小于均值的变量只有众创空间服务人员数量，可以看出服务人员数量对孵化效率差异影响较小。

表 3-9　　国家备案众创空间和国家大学科技园各项指标 2019 年描述统计

国家备案众创空间		最小值	最大值	均值	标准差	变异系数
投入	创业团队当年获得投融资总额（亿元）	0.006	88.81	3.71	15.5	4.18
	创业团队人员数量（百人）	3.75	671.89	99.15	120.6	1.22
产出	众创空间总收入（亿元）	0.02	25.15	2.05	4.4	2.15
	当年服务的创业团队数量（个）	135	13 622	2 545	2 614	1.03
环境	新注册企业数量（家）	35	7 083	983	1 300	1.32
	提供工位数（千个）	0.096	131.59	15	23.1	1.53
	众创空间服务人员数量（人）	13	3 684	748	747	1
国家大学科技园各项指标（单位）		最小值	最大值	均值	标准差	变异系数
投入	孵化基金总额（亿元）	0.0224	4.14	0.61	0.9	1.47
	在孵企业从业人员数（百人）	0.41	223.63	40.98	47.59	1.16
产出	在孵企业总收入（亿元）	0.00051	80.41	10.86	16.41	1.51
	在孵企业数量（个）	6	1 357	316	343	1.08
环境	当年新孵企业数量（个）	5	423	94	100	1.07
	孵化用房面积（千平方米）	1.28	567.6	96.8	115.5	1.19
	管理机构从业人员总数（人）	6	484	87	103.4	1.19

资料来源：《2020 中国火炬统计年鉴》。

3.3.2　基于三阶段 DEA 的孵化互动效应测度

（1）第一阶段 DEA 模型效率结果

以投入为导向，测度 30 个省域众创空间和国家备案众创空间的技术效率、规模效率和纯技术效率，运用 DEAP2.1 软件，第一阶段结果如表 3-10 所示。不考虑环境因素和随机误差的情况下，2019 年国家备案众创空间和国家大学科技园技术效率均值分别为 0.706 和 0.731，纯技术效率均值分别为 0.879 和 0.797，规模效率均值分别为 0.802 和 0.921，国家备案众创空间纯技术效率发挥主导作用，而国家大学科技园规模效率对技术效率起主导作用。

表 3 - 10   国家备案众创空间与国家大学科技园第一阶段孵化效率值

省域	国家备案众创空间				省域	国家大学科技园			
	技术效率	纯技术效率	规模效率	规模收益		技术效率	纯技术效率	规模效率	规模收益
北京	0.479	1	0.479	drs	北京	0.672	1	0.672	drs
天津	0.789	1	0.789	drs	天津	0.812	0.828	0.981	irs
河北	0.718	0.906	0.792	drs	河北	1	1	1	—
山西	1	1	1	—	山西	1	1	1	—
内蒙古	0.384	0.491	0.783	drs	内蒙古	0.432	0.433	0.997	irs
辽宁	0.578	1	0.578	drs	辽宁	0.688	0.803	0.857	drs
吉林	0.698	0.846	0.825	drs	吉林	0.744	0.744	1	—
黑龙江	0.679	0.818	0.830	drs	黑龙江	0.695	0.696	0.998	drs
上海	0.729	0.929	0.784	drs	上海	0.997	1	0.997	drs
江苏	0.731	1	0.731	drs	江苏	0.559	1	0.559	drs
浙江	0.644	0.855	0.753	drs	浙江	0.680	0.749	0.909	drs
安徽	0.708	0.873	0.810	drs	安徽	0.688	0.688	1	—
福建	0.715	0.877	0.815	drs	福建	0.868	0.882	0.984	irs
江西	0.579	0.732	0.790	drs	江西	0.365	0.374	0.977	drs
山东	0.69	0.967	0.714	drs	山东	1	1	1	—
河南	0.696	0.877	0.794	drs	河南	0.380	0.487	0.780	drs
湖北	0.735	0.979	0.750	drs	湖北	0.432	0.432	0.999	—
湖南	0.533	0.664	0.803	drs	湖南	0.707	0.708	0.999	irs
广东	0.686	1	0.686	drs	广东	0.502	0.502	1	—

省域	国家备案众创空间				省域	国家大学科技园			
	技术效率	纯技术效率	规模效率	规模收益		技术效率	纯技术效率	规模效率	规模收益
广西	0.830	1	0.830	drs	广西	0.791	0.799	0.991	irs
海南	0.900	1	0.900	drs	海南	0.387	0.7	0.553	irs
重庆	0.471	0.586	0.805	drs	重庆	0.962	0.963	1	—
四川	0.510	0.661	0.772	drs	四川	0.587	0.785	0.747	drs
贵州	0.588	0.720	0.817	drs	贵州	1	1	1	—
云南	0.819	1	0.819	drs	云南	0.527	0.578	0.912	irs
陕西	0.660	0.825	0.800	drs	陕西	0.819	0.819	0.999	drs
甘肃	0.633	0.776	0.817	drs	甘肃	1	1	1	—
青海	1	1	1	—	青海	0.919	0.929	0.990	irs
宁夏	1	1	1	—	宁夏	0.917	1	0.917	irs
新疆	1	1	1	—	新疆	0.800	1	0.800	irs
东部	0.687	0.948	0.727		东部	0.788	0.885	0.900	
中部	0.736	0.875	0.835		中部	0.566	0.627	0.901	
西部	0.718	0.824	0.858		西部	0.796	0.846	0.941	
东北	0.652	0.888	0.744		东北	0.709	0.748	0.952	
均值	0.706	0.879	0.802		均值	0.731	0.797	0.921	

（2）第二阶段 SFA 模型实证结果

将第一阶段国家备案众创空间的新注册企业数量、提供工位数、众创空间服务人员数量 3 个变量作为对国家大学科技园投入产出影响的环境变量；将国家大学科技园的当年新孵企业数量、孵化用房面积、管理机构从业人员总数 3 个变量，作为对国家备案众创空间投入产出影响的环境变量，使用 Frontier4.1 软件进行随机前沿回归分析，环境变量相互结果如表 3-11 所示。环境变量对投入松弛变量的检验值均达到 1% 显著性水平，说明回归模型通过检验，γ 值趋近于 1，说明管理无效率占较大比重，需要分离环境变量。回归系数为正说明国家大学科技园环境变量的增加，会造成国家备案众创空间投入冗余，不利于国家备案众创空间技术效率提升，回归系数为负说明国家备案众创空间环境变量的增加，会减少国家大学科技园投入冗余，有利于提升国家大学科技园技术效率。

表 3 - 11　　　　　　　　基于 SFA 的第二阶段回归结果

国家备案众创空间			国家大学科技园		
项目	创业团队获得投融资额松弛变量	创业团队人员数量松弛变量		孵化基金总额松弛变量	在孵企业从业人员数松弛变量
常数项	- 144. 188 *** (16. 525)	- 1. 330 *** (- 4. 009)	常数项	- 33. 936 *** (- 20. 479)	- 7. 817 *** (- 6. 953)
当年新孵企业数量	1. 144 *** (2. 7107)	0. 036 *** (4. 112)	新注册企业数量	1. 120 ** (1. 929)	0. 214 (0. 289)
孵化用房面积	- 2. 846 (- 1. 249)	- 0. 115 *** (- 2. 591)	提供工位数	- 0. 099 (- 0. 247)	- 0. 018 (- 0. 501)
管理机构从业人员总数	- 0. 330 * (- 1. 341)	- 0. 021 *** (- 5. 040)	众创空间服务人员数量	0. 021 (0. 4978)	0. 004 * (1. 691)
δ^2	42 089. 508	689. 511	δ^2	4 783. 910	361. 045
gamma	0. 999	0. 999	gamma	0. 999	0. 999
log 似然值	- 190. 645	- 107. 665	log 似然值	- 145. 819	- 108. 087
LR 检验值	8. 526	37. 994	LR 检验值	19. 839	17. 781

注：括号内是 t 值，* 、** 、*** 分别表示在 10% 、5% 、1% 的统计水平下显著。

①国家备案众创空间环境变量对国家大学科技园孵化效率影响。

国家备案众创空间的新注册企业数量和服务人员数量，对国家大学科技园两个投入松弛变量回归系数均为正，说明新注册企业数量和服务人员数量增加，并未减少国家大学科技园孵化基金总额和从业人员数的投入冗余。新注册企业数量对孵化基金总额松弛变量影响较为显著，国家备案众创空间新注册企业数量持续增加，可能促进国家大学科技园孵化基金总额加大投入，不利于国家大学科技园孵化效率提升。国家备案众创空间服务人员数量对国家大学科技园在孵企业从业人员数松弛变量影响有一定显著性，小微企业入驻国家大学科技园有一定路径依赖，国家备案众创空间对入驻企业不超过两年的入驻要求，也增加了毕业企业入驻国家大学科技园需求。

国家备案众创空间提供工位数，对国家大学科技园两个投入松弛变量回归系数均为负，但影响并不显著。国家备案众创空间提供工位数增加，在一定程度上对国家大学科技园孵化基金和在孵企业从业人员投入冗余有所减弱，平均每个国家备案众创空间 266 个工位能够更灵活地满足创业团队需求，更好地发挥网络化服务特色，完善创新创业生态。

②国家大学科技园环境变量对国家备案众创空间孵化效率影响。

国家大学科技园的当年新孵企业数量环境变量，对国家备案众创空间的创业团队获得投融资额松弛变量和创业团队人员数量松弛变量的回归系数均为正，并且达到 1% 显著性水平。2019 年平均每个国家大学科技园新孵企业 25 个，在孵企业 83 个，新孵企业数量的增加并未降低国家备案众创空间创业团队获得投融资额和人员数量冗余，国家大学科技园为众创空间毕业企业提供了新的孵化选择，"一科技园多空间"的一园多点布局，也增加众创空间创业团队孵化需求，推动众创空间创业团队获得投融资额和人员进一步投入，国家备案众创空间创业团队、初创企业与国家大学科技园在孵企业形成阶梯多层持续孵化链和良性创新创业生态圈。

国家大学科技园的孵化用房面积、管理机构从业人员总数两个环境变量，对国家备案众创空间两个投入松弛变量回归系数均为负，说明增加国家大学科技园孵化用房面积和管理机构从业人员数量，有利于减少国家备案众创空间创业团队获得投融资额和创业团队人员数量，更好地接续国家备案众创空间运营时间超过两年的孵化企业，推动入驻国家大学科技园孵化企业与依托高校尽可能开展实质性创新要素关联。国家大学科技园孵化用房面积、管理机构从业人员总数两个环境变量，对国家备案众创空间创业团队人员数量松弛变量达到1%的显著性水平，进一步说明国家大学科技园孵化环境优化，更好地吸引创业团队积极入驻科技园。

（3）第三阶段调整后DEA模型实证结果

第二阶段通过大学科技园或众创空间环境变量作为解释变量，分析环境变量对互动方投入变量的影响方向及程度，依据随机前沿回归结果，对互动方投入变量进行调整，剔除环境变量和随机噪声干扰后，将调整环境因素后投入和第一阶段产出，通过DEAP2.1测度孵化效率，结果如表3-12所示。

表3-12　　　国家备案众创空间与国家大学科技园第三阶段孵化效率值

省域	国家备案众创空间				省域	国家大学科技园			
	技术效率	纯技术效率	规模效率	规模收益		技术效率	纯技术效率	规模效率	规模收益
北京	1	1	1	—	北京	0.829	1	0.829	drs
天津	1	1	1	—	天津	0.341	1	0.341	irs
河北	0.909	0.937	0.970	irs	河北	0.526	0.538	0.978	irs
山西	0.753	0.878	0.858	irs	山西	0.580	1	0.580	irs
内蒙古	0.525	0.797	0.659	irs	内蒙古	0.339	0.521	0.651	irs
辽宁	1	1	1	—	辽宁	0.893	0.900	0.991	drs
吉林	0.84	1	0.840	irs	吉林	0.653	0.801	0.815	irs
黑龙江	0.779	0.920	0.847	irs	黑龙江	0.668	0.708	0.943	irs
上海	1	1	1	—	上海	1	1	1	—
江苏	1	1	1	—	江苏	0.569	1	0.569	drs
浙江	0.956	1	0.956	irs	浙江	0.784	0.799	0.980	irs
安徽	0.868	0.950	0.914	irs	安徽	0.617	0.746	0.826	irs
福建	0.890	0.940	0.946	irs	福建	0.601	0.912	0.659	irs
江西	0.777	0.788	0.986	irs	江西	0.402	0.410	0.981	irs
山东	0.940	0.949	0.991	drs	山东	1	1	1	—
河南	0.894	0.977	0.915	irs	河南	0.412	0.413	0.998	irs

续表

省域	国家备案众创空间				省域	国家大学科技园			
	技术效率	纯技术效率	规模效率	规模收益		技术效率	纯技术效率	规模效率	规模收益
湖北	0.992	0.993	0.999	drs	湖北	0.431	0.438	0.982	irs
湖南	0.698	0.736	0.949	irs	湖南	0.602	0.696	0.864	irs
广东	1	1	1	—	广东	0.550	0.592	0.929	irs
广西	0.934	1	0.934	irs	广西	0.509	0.884	0.575	irs
海南	0.774	1	0.774	irs	海南	0.287	0.840	0.342	irs
重庆	0.643	0.886	0.726	irs	重庆	0.807	0.936	0.863	irs
四川	0.713	0.807	0.883	irs	四川	0.702	0.709	0.990	drs
贵州	0.735	0.969	0.759	irs	贵州	0.886	0.933	0.949	irs
云南	0.973	0.999	0.974	irs	云南	0.476	0.664	0.717	irs
陕西	1	1	1	—	陕西	0.820	0.867	0.945	irs
甘肃	0.789	0.917	0.861	irs	甘肃	0.957	1	0.957	irs
青海	0.654	0.979	0.668	irs	青海	0.388	0.943	0.412	irs
宁夏	0.627	1	0.627	irs	宁夏	0.065	1	0.065	irs
新疆	0.834	1	0.834	irs	新疆	0.611	1	0.611	irs
东部	0.966	0.981	0.985		东部	0.689	0.871	0.809	
中部	0.822	0.903	0.914		中部	0.476	0.649	0.796	
西部	0.766	0.941	0.811		西部	0.596	0.860	0.703	
东北	0.873	0.973	0.896		东北	0.738	0.803	0.916	
均值	0.850	0.947	0.896		均值	0.610	0.808	0.778	

①国家备案众创空间与国家大学科技园技术效率。

调整后，技术效率、纯技术效率、规模效率 3 项效率值，国家备案众创空间分别上升 20.4%、7.7%、11.7%，国家大学科技园分别下降 16.6%、上升 1.4%、下降 15.5%。国家备案众创空间 3 项效率值均为 1 的省域，由调整前山西、青海、宁夏、新疆共 4 个省域，变为调整后北京、天津、辽宁、上海、江苏、广东、陕西共 7 个省域，国家大学科技园 3 项效率值均为

1的省域，由调整前河北、山西、山东、贵州、甘肃共5个省域，第三阶段调整后为上海、山东共两个省域，也是调整后仅有的技术效率为1的两个省域，调整前后山东省国家大学科技园（共5家）孵化效率始终为1。

②国家备案众创空间与国家大学科技园纯技术效率。

国家备案众创空间纯技术效率调整后，吉林、上海、浙江、陕西4个省域上升到1，纯技术效率增加值超过2的分别为内蒙古0.306，贵州0.249。国家大学科技园纯技术效率后，天津上升到1，纯技术效率降低的省域有河北、河南、湖南、重庆、四川、贵州。

③国家备案众创空间与国家大学科技园规模效率。

调整后，国家备案众创空间规模效率均值上升了0.094，山西、内蒙古、海南、重庆、贵州、青海、宁夏、新疆共8个省域规模效率下降，宁夏、青海国家备案众创空间规模效率下降0.33以上。调整后，国家大学科技园规模效率均值下降了0.143，北京、辽宁、上海、江苏、浙江、江西、河南、四川共8个省域国家大学科技园规模效率上升，四川、河南国家大学科技园规模效率上升0.2以上。山东国家大学科技园规模效率调整前后均为1。

国家大学科技园与国家备案众创空间共同推动创业团队成长和区域企业孵化。经过2002~2014年10批次认定后，2014~2019年国家大学科技园保持115家总量，国家大学科技园场地面积、在孵企业数、在孵企业总收入、在孵企业人数4项指标中，2019年比2014年依次分别下降25.2%、4.9%、9.8%、24.5%。科技部2015年启动国家众创空间备案认定，2017年全面监测反应众创空间建设情况，2016~2019年国家备案众创空间数量由1337家增加到1888家，众创空间总收入和众创空间服务人员数量等指标，2019年比2016年分别下降了21.1%和47.7%。国家大学科技园与国家备案众创空间部分孵化总量指标波动较大，按照两者孵化的接续传递和互为补充，以国家大学科技园和国家备案众创空间互为对方影响环境，选取114个国家大学科技园和1819个国家备案众创空间统计数据，运用三阶段DEA模型，测度大学科技园和众创空间孵化技术效率差异和两者孵化互动效应。结果表明，国家大学科技园当年新孵企业数量增加，并未降低众创空间创业团队获得投融资额和人员数量冗余，国家大学科技园孵化面积和管理机构从业人员总数增加，有利于减少众创空间创业团队冗余。众创空间新注册企业数量增加，对大学科技园孵化基金总额影响较小。调整前后，国家备案众创空间技术效率均值上升，而国家大学科技园技术效率均值下降。

国家大学科技园是创新型产业集群、国家高新区和国家自主创新示范区创新前端的重要支撑，在孵企业产业领域属于国家重点支持的高新技术领域。国家备案众创空间是国家大学科技园孵化能力持续提升的主要基础。结合创新创业生态和产业生态构建，建议：一是围绕众创空间 + 孵化器 + 加速器 + 产业园的创业孵化链条，建立众创空间、大学科技园及依托高校的良性互动机制和正向循环链路，构建校地资源互动的产业创新平台和成果转化基地。二是充分发挥依托高校虹吸效应和国家大学科技园区域溢出效应，利用"一科技园多空间"一园多点布局，整合创新孵化载体，引导众创空间创业团队孵化需求，构建创业团队、初创企业、在孵企业的阶梯多层接续孵化链和良性创新创业生态圈。三是延伸东部国家备案众创空间孵化优势，强化中部国家大学科技园对众创空间毕业企业孵化引领，形成东部和中部创新链对东北和西部产业链孵化牵引与资源对接，建立区域协同的全程企业孵化培育体系。

3.4　大学科技园对众创空间的作用机制

众创空间作为驱动大众创业、万众创新的服务平台，建设发展符合科技产业变革、优化创新创业环境新趋势。2010 年我国首个众创空间诞生，2015 年实现井喷式发展，2016 年作为明星项目的"地库""孔雀机构"等众创空间相继倒闭后，众创空间繁荣景象破灭。李燕萍等指出众创空间存在主体单一、同质化现象严重、运营人才不足等问题，运营发展高度依赖政府补贴。随后天使投资、创业投资等进入调整期，在一定程度上挤压众创空间发展的"泡沫"，推动众创空间向技术型、质量型升级。互联网和开源技术发展，一方面为众创空间发展提供有利条件，创新主体从精英创新转变为草根创新，创新主体宽泛化，创新机会均等化、扩大化；另一方面有利于众创空间与大学科技园资源整合，加速技术知识转移转化。科技部《发展众创空间工作指引》中指出，大学科技园要充分利用现有资源和孵化经验，积极推进众创空间建设工作。国家和地方大学科技园为众创空间发展提供多方位支持，众创空间借鉴大学科技园先进管理理念和服务体系，不断进行信息、人才、技术等孵化要素交换。

国家大学科技园2019年底总量达到115家，2014～2019年数量保持不变，而我国众创空间发展趋势迅猛，数量已跃居全球第一，2018年省域众创空间数量为6 959个，国家备案众创空间数量为1 889个，众创空间经过近10年发展取得初步成效。科技部火炬统计年鉴2017年增加了众创空间发展情况，以更全面监测双创工作进展情况。而国家大学科技园2016年相关统计指标下降明显，2016年大学科技园场地面积、当年新孵企业个数比2014年下降近10%，在孵企业总收入、在孵企业人数下降近20%，国家大学科技园发展趋缓。众创空间发展政策优势是否在一定程度上挤占了大学科技园资源？众创空间与大学科技园是否能实现共赢？现有相关实证研究数量较少，主要研究省域众创空间绩效，因此有必要评价国家大学科技园影响众创空间政策效果。通过运用三阶段DEA模型，分别评价国家大学科技园对省域和国家备案众创空间运行效率影响，合理控制环境变量，弱化众创空间区域差异，有利于国家大学科技园更好推进众创空间高效运营。

国家大学科技园主要依托高校创新资源建立，经过20年发展到115家，孵化功能完善。众创空间发展趋势迅猛，数量多但质量参差不齐，区域不均衡。大学科技园与众创空间共同构建人才和空间资源共享平台，整合内外资源协同发展，将增强契合二者发展内生动力。政府、产业、大学作为大学科技园的"三大螺旋"，三大主体相互依赖，优势集聚，形成资源互补、三方共赢的创新机制（赵东霞、郭书男，2016），如图3-3所示。

大学科技园发展模式呈现"四三结构"，众创空间借助大学科技园资源，实现制度创新、技术创新和知识创新（邓恒进、胡树华、杨洁，2009）。大学科技园本质是孵化基地，作为连接高校和社会各类创新要素的平台，为众创空间发展提供广泛社会关系和资金支持；大学科技园另一主要功能是促进科技成果转化，为众创空间发展提供技术支持（李荣，2019），众创空间作为新型创新创业平台，需要具备高端创新型人才，智力资本在众创空间发展过程中起重要作用。大学科技园为众创空间发展输送人才，提供人力智力支持（沙德春、荆晶，2019）。众创空间作为双创政策的"助推器"，为创客提供自由开放、资源互补的空间社会网络，各个主体在协同中进一步优化网络组织结构，营造浓厚的创新创业氛围，探寻新的商业模式等，以创业带动就业，挑战从 0 到 1 的创新，促进科技成果转化（刘志迎、武琳，2018）。大学科技园与众创空间形成新组织结构，促进知识、技术、资源的双方流动，从而实现优势互补提升创新能力。

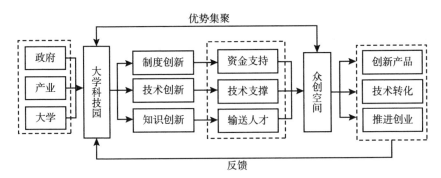

图 3 - 3　大学科技园对众创空间作用机制

众创空间效率是在众创空间发展运行过程中，在给定的资本、人力、技术等资源的投入情况下获得最大产出的能力，或是要实现某一产出水平，需要最少的资源投入的能力。由于国内关于众创空间效率评价论文较少，因此部分借鉴各类孵化器效率评价研究方法。颜振军和侯寒（2019）运用三阶段 DEA 方法评价各省份科技企业孵化器效率，使用 K 均值聚类法分类。马宗国和丁晨辉（2019）运用 SFA 方法测度高新技术产业创新效率，结果表明政府参与程度、经济发展程度、区域条件等因素对高新技术产业创新效率都具有显著影响。徐莉和胡文彪（2019），张静进和陈光华（2019）基于创新能力视角，采用数据包络分析法评价国内众创空间创新运行效率。闫俊周和杨祎（2019）运用超效率和回归模型评价战略性新兴产业供给侧创新效率，过于依靠政府补贴、研发人员管理缺失等因素导致供给侧创新效率总体偏低。借鉴国内外学者经验，选用三阶段 DEA 方法，分别评价国家大学科技园对省域和国家备案众创空间运行效率影响，合理控制环境变量，弱化众创空间区域差异，有利于国家大学科技园更好地推进众创空间高效运营。

3.4.1 三阶段 DEA 与变量选择

（1）三阶段 DEA 模型

借鉴弗瑞德将环境因素和随机噪声引入传统三阶段 DEA 模型（FRIED H O，YAISAWARNG S S S，1999），对省域众创空间和国家备案众创空间运行效率进行修正，更准确地评估众创空间运行效率。

第一阶段：选用传统 DEA 模型对原始投入产出数据进行初始效率评价。选择投入导向的 BCC（规模报酬可变）模型，测度技术效率，进一步分解为规模效率与纯技术效率的乘积，各决策单元的投入松弛变量为原始投入值与投入目标值之差。

第二阶段：传统 DEA 模型不能真实反映投入产出效率值，因此构造类似随机前沿模型，SFA 回归的目的是剔除环境变量、管理无效率和统计噪声对决策单元效率测度的影响。将第一阶段计算的投入松弛变量作为因变量，环境变量为解释变量，构建模型如公式（3-7）所示（罗登跃，2012）：

$$S_{ij} = f(Z_j; \beta_i) + v_{ij} + \mu_{ij}; \quad i = 1, 2, \cdots, N; \quad j = 1, 2, \cdots, M$$

$$(3-7)$$

其中，S_{ij} 表示第 j 个众创空间第 i 项投入的松弛值，Z_j 是环境变量，β_i 是环境变量的系数；$v_{ij} + \mu_{ij}$ 是混合误差项，v_{ij} 表示随机干扰，μ_{ij} 表示管理无效率。其中 $v \sim N(0, \sigma_v^2)$ 是随机误差项，表示随机干扰因素对投入松弛变量的影响；μ 是管理无效率，表示管理因素对投入松弛变量的影响，假设其服从在零点截断的正态分布，即 $\mu \sim N^+(0, \sigma_\mu^2)$。

调整公式（3-7）结果，所有决策单元调整于相同外部环境中，得到调整后投入值，如公式（3-8）所示：

$$X_{ij}^A = X_{ij} + [\max(f(Z_j; \hat{\beta}_i)) - f(Z_j; \hat{\beta}_i)] + [\max(v_{ij}) - v_{ij}];$$
$$i = 1, 2, \cdots, N; \; j = 1, 2, \cdots, M \qquad (3-8)$$

其中，X_{ij}^A 是调整后的投入；X_{ij} 是调整前的投入；$[\max(f(Z_j; \hat{\beta}_i)) - f(Z_j; \hat{\beta}_i)]$ 是对外部环境因素进行调整，用环境变量最大值减去每个决策单元环境值；$[\max(v_{ij}) - v_{ij}]$ 是将所有决策单元调整到相同运气水平下。

第三阶段：用第二阶段调整后的投入代替原始投入，原始产出不变，再次利用 BCC 模型，测度技术效率，得到调整后效率值，更有效地反映众创空间真实运行效率。

（2）指标选取与数据来源

投入变量选择一般从人、财、物 3 个方面考虑，考虑到众创空间与其他孵化器存在相似之处（乌仕明、李正风，2019），国内学者一般以创业团队当年获得投资总额（李洪波、史欢，2019）、企业数量（张冀新、王怡晖，2019）、众创空间运行和建设经费等，借鉴以往学者研究，选取创业团队当年获得投资总额（百万元）、众创空间提供工位数（百个）为投入变量，投资总额反映了众创空间资金投入规模，提供工位数反映了众创空间硬件设施投入规模。产出变量选取众创空间总收入（百万元）、当年服务创业团队数量（个）。测度省域众创空间和国家备案众创空间效率时，由于受环境因素影响，只考虑投入产出得到的技术效率可能存在误差。从国家大学科技园在孵企业、孵化场地、从业人员 3 个方面考虑，分别选取国家大学科技园在孵企业个数、孵化场地总面积、管理机构从业人员总数 3 个环境变量。2018 年各省域众创空间、国家备案众创空间、国家大学科技园数据来源于《2019 中国火炬统计年鉴》，剔除部分缺失数据后，选择 30 个省域决策单元。

在测度各省域众创空间运行效率前，需要对投入产出变量进行描述性统计分析，了解样本分布类型特点，如表 3 - 13 所示。从投入指标来看，省域众创空间和国家备案众创空间创业团队当年获得投资总额均值分别为 11.11 亿元、7.67 亿元，最大值与最小值相差较大，且标准差高于均值，说明各个省域众创空间获得的投资额差异大；从产出变量来看，众创空间总收入和当年服务的创业团队数量，反映了省域众创空间和国家备案众创空间产出能力的强弱，最值、均值、标准差均显示出众创空间产出能力区域较大差异。投入产出数据离散程度较大，可以初步推断 30 个省域众创空间和国家备案众创空间运行效率差异较大。

表 3 - 13   30 个省域众创空间与国家备案众创空间 2018 年指标数据统计分析

众创空间指标（单位）		省域众创空间				国家备案众创空间			
		均值	最小值	最大值	标准差	均值	最小值	最大值	标准差
投入	投资总额（百万元）	1 111	9	14 296	2 779	767	0.5	14 276	2 707
	提供工位数（百个）	428	25	1 435	359	172	5	1 425	259
产出	总收入（百万元）	604	42	2 590	627	245	8	2 553	473
	服务创业团队数量（个）	7 872	780	23 134	5 713	3 461	286	23 083	4 194

3.4.2　基于三阶段 DEA 的运行效率测度

（1）第一阶段 DEA 模型实证结果

第一阶段以投入为导向，运用 DEAP2.1 软件，测度 30 个省域众创空间和国家备案众创空间的技术效率、规模效率和纯技术效率，结果如表 3 - 14 所示。不考虑环境因素和随机误差情况下，2018 年省域众创空间技术效率均值为 0.618，纯技术效率均值为 0.826，规模效率均值为 0.765；国家备案众创空间技术效率均值为 0.709，高于省域众创空间，省域众创空

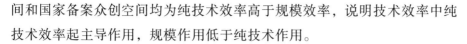

间和国家备案众创空间均为纯技术效率高于规模效率，说明技术效率中纯技术效率起主导作用，规模作用低于纯技术作用。

省域众创空间中 9 个省域技术效率高于均值，11 个省域技术效率低于 0.5；国家备案众创空间有 12 个省域技术效率高于均值，6 个省域技术效率低于 0.5，可见各省域众创空间与国家备案众创空间运行效率差异较大。省域众创空间中，处于技术效率前沿的湖北、安徽、青海、新疆 4 个省域规模收益不变，上海、黑龙江、海南 3 个省域的众创空间规模效益递增，其余 23 个省域都处于规模收益递减阶段；而国家备案众创空间则有广西、海南、贵州、云南、甘肃、青海 6 个省域规模收益不变，新疆、宁夏、吉林 3 个省域众创空间规模效益递增，其余 21 个省域都处于规模收益递减阶段。21 个省域国家备案众创空间技术效率高于省域众创空间，但都存在投入过度冗余。从实证结果来看，省域众创空间位于技术效率前沿的 4 个省份，各省国家大学科技园数量均少于 3 个，国家备案众创空间技术效率有效的 6 个省份，各省国家大学科技园数量也均少于 3 个。国家大学科技园数量较多的北京、上海、江苏等地，众创空间技术效率均低于均值，表明第一阶段效率未考虑环境因素和随机误差影响，需要进一步测算各省域众创空间技术效率区域差异。

（2）第二阶段 SFA 模型实证结果

将第一阶段测算的创业团队当年获得投资总额和提供工位数投入变量的松弛变量，分别作为被解释变量，选取环境变量国家大学科技园在孵企业个数、大学科技园孵化场地总面积、大学科技园管理机构从业人员总数，作为解释变量，使用 Frontier4.1 软件进行回归分析，回归结果如表 3 - 15 所示。γ 值趋近于 1，说明管理无效率占较大比重。众创空间 LR 检验值分别为 13.143 和 15.373，国家备案众创空间 LR 检验值分别为 13.282 和 23.203，均达到 1% 的显著性水平，说明回归模型均通过了单边检验，有必要进行环境变量的分离。回归系数为正，说明解释变量的增加会造成投入松弛的冗余，不利于众创空间运行效率的提升；回归系数为负，说明解释变量的增加会减少投入松弛的冗余，有利于众创空间运行效率的提升。

表3-14　30个省域众创空间与国家备案众创空间第一阶段各项效率值

省域	省域众创空间					国家备案众创空间					国家大学科技园数量
	技术效率	纯技术效率	规模效率	规模收益	效率排名	技术效率	纯技术效率	规模效率	规模收益	效率排名	
北京	0.564	1	0.564	drs	15	0.573	1	0.573	drs	20	15
天津	0.582	0.858	0.679	drs	13	0.694	0.947	0.733	drs	14	1
河北	0.465	1	0.465	drs	25	0.467	0.639	0.730	drs	26	3
山西	0.616	1	0.616	drs	10	0.303	1	0.803	drs	11	1
内蒙古	0.573	0.764	0.750	drs	14	0.976	1	0.976	drs	8	1
辽宁	0.623	1	0.623	drs	9	0.764	1	0.764	drs	12	6
吉林	0.499	0.543	0.920	drs	19	0.530	0.640	0.985	irs	17	3
黑龙江	0.599	0.984	0.608	irs	11	0.601	0.608	0.988	drs	18	5
上海	0.440	0.445	0.988	irs	27	0.520	0.785	0.663	drs	24	13
江苏	0.593	1	0.593	drs	12	0.495	1	0.495	drs	25	15
浙江	0.497	0.822	0.605	drs	21	0.640	1	0.640	drs	16	6
安徽	1	1	1	—	1	0.703	1	0.703	drs	13	1
福建	0.496	0.554	0.895	drs	22	0.357	0.486	0.734	drs	30	2
江西	0.430	0.521	0.825	drs	28	0.404	0.692	0.584	drs	29	3
山东	0.518	1	0.518	drs	18	0.560	1	0.56	drs	21	5
河南	0.560	0.952	0.588	drs	16	0.536	0.760	0.705	drs	23	2
湖北	1	1	1	—	1	0.914	1	0.914	drs	10	3

续表

省域	省域众创空间					国家备案众创空间					国家大学科技园数量
	技术效率	纯技术效率	规模效率	规模收益	效率排名	技术效率	纯技术效率	规模效率	规模收益	效率排名	
湖南	0.476	0.619	0.770	drs	23	0.551	0.601	0.917	drs	22	2
广东	0.461	0.965	0.478	drs	26	0.662	1	0.662	drs	15	3
广西	0.528	0.791	0.668	drs	17	1	1	1	—	1	1
海南	0.503	0.960	0.524	irs	20	1	1	1	—	1	2
重庆	0.361	0.437	0.826	drs	30	0.451	0.783	0.576	drs	27	2
四川	0.475	0.529	0.899	drs	24	0.436	0.797	0.547	drs	28	5
贵州	0.836	0.875	0.955	drs	7	1	1	1	—	1	2
云南	0.844	1	0.844	drs	6	1	1	1	—	1	2
陕西	0.390	0.446	0.875	drs	29	0.590	1	0.590	drs	19	4
甘肃	0.856	0.958	0.894	drs	5	1	1	1	—	1	3
青海	1	1	1	—	1	1	1	1	—	1	1
宁夏	0.762	0.770	0.989	drs	8	0.946	1	0.946	irs	9	1
新疆	1	1	1	—	1	0.998	1	0.998	irs	7	1
东部	0.512	0.860	0.631			0.597	0.886	0.679			65
中部	0.680	0.849	0.800			0.652	0.842	0.771			12
西部	0.693	0.779	0.882			0.854	0.962	0.876			24
东北	0.574	0.842	0.717			0.665	0.749	0.912			14
均值	0.618	0.826	0.765			0.709	0.891	0.793			

表 3 – 15   **基于 SFA 的第二阶段回归结果**

项目	省域众创空间		国家备案众创空间	
	投资总额 松弛变量	提供工位数 松弛变量	投资总额 松弛变量	提供工位数 松弛变量
常数项	− 390. 575 *** （ − 384. 957）	− 52. 966 *** （ − 76. 339）	− 36. 564 *** （ − 51. 775）	− 3. 740 *** （ − 14. 213）
在孵企业个数	0. 587 *** （20. 039）	0. 082 *** （19. 097）	0. 038 *** （2. 996）	− 0. 037 *** （ − 8. 890）
孵化场地面积	− 1. 262 *** （ − 4. 309）	− 0. 199 *** （ − 33. 430）	− 0. 094 * （ − 1. 753）	0. 001 （1. 472）
管理机构从业 人员总数	2. 197 *** （3. 176）	0. 361 *** （38. 198）	0. 197 （1. 289）	0. 103 *** （3. 636）
σ^2	328 192. 570	21 921. 283	3 637. 054	1 203. 397
γ	0. 999	0. 999	0. 999	0. 999
log 似然值	− 213. 067	− 170. 885	− 144. 986	− 123. 433
LR 检验值	13. 143 ***	15. 373 ***	13. 282 ***	23. 203 ***

注：括号内是 t 值；* 、** 、*** 分别表示在 10% 、5% 、1% 的统计水平下显著。

①在孵企业个数。对省域众创空间而言，在孵企业个数与投资总额和提供工位数的松弛变量回归系数均为正，说明国家大学科技园在孵企业个数增加，会导致众创空间投资总额和提供工位数的投入冗余，造成资源浪费，不利于省域众创空间运行效率的提升。可能是国家大学科技园在孵企业为获得政策优惠入驻，但在孵企业核心竞争力不高，竞争优势弱。对国家备案众创空间而言，在孵企业个数与投资总额的松弛变量回归系数为正，与提供工位数的松弛变量回归系数为负，说明国家大学科技园在孵企业个数增加，有利于减少国家备案众创空间提供工位数投入冗余；与省域众创空间实证结果相反，说明国家大学科技园对省域和国家备案众创空间作用可能有差异，国家大学科技园对国家备案众创空间有一定替代性。

②孵化场地总面积。对省域众创空间而言，国家大学科技园孵化场地

总面积与投资总额和提供工位数的松弛变量回归系数均为负，说明孵化场地总面积增加有利于减少投资总额和提供工位数的投入冗余，提高资源的利用效率。孵化场地总面积增加后，入驻企业数量也会增加，企业之间竞争力增强，因此企业更偏向选择创新型人才，减少不必要的人员投入，同时企业更注重资金节流，用比其他企业更少的投入获得竞争优势，孵化场地面积在一定程度上反映了大学科技园硬件设备能力，大学科技园硬件设施越完善，越有助于众创空间发展。对国家备案众创空间而言，孵化场地总面积与投资总额的松弛变量回归系数为负，回归结果与省域众创空间一致，提供工位数的松弛变量回归系数为正，因结果不显著，影响可忽略。

③管理机构从业人员总数。对省域众创空间和国家备案众创空间而言，管理机构从业人员总数，与投资总额松弛变量和提供工位数的松弛变量回归系数为正，说明大学科技园管理机构从业人员总数增加，将会增加众创空间投资总额与提供工位数冗余，加大众创空间创新服务难度。国家大学科技园人才聚集，影响众创空间人才集聚规模效应和运行效率提升，反映国家大学科技园与区域众创空间，在知识交流、创新扩散过程中，存在一定桎梏。

（3）第三阶段调整后 DEA 模型实证结果

第二阶段通过类似于 SFA 回归分析对原始投入进行调整，得到调整后投入，将原始产出与调整后投入，通过 DEAP2.1 再次进行效率测度，结果如表 3－16 所示。剔除环境变量和随机噪声干扰后，2018 年省域众创空间技术效率均值为 0.688，纯技术效率均值为 0.843，规模效率均值为 0.823，纯技术效率与规模效率值接近，众创空间效率值由第一阶段纯技术效率起主导作用，转变为由第三阶段纯技术效率和规模效率共同起主导作用，处于技术前沿的 6 个省域规模收益不变。河北、浙江、北京、内蒙古、广东、河南 6 个省域规模收益递减，比第一阶段减少了 17 个省域。18 个省域均处于规模收益递增状态，比第一阶段增加 15 个省域。

表 3 - 16 　30 个省域众创空间与国家备案众创空间第三阶段各项效率值

省域	省域众创空间					国家备案众创空间					国家大学科技园数量
	技术效率	纯技术效率	规模效率	规模收益	效率排名	技术效率	纯技术效率	规模效率	规模收益	效率排名	
北京	0.763	1	0.763	drs	11	0.876	1	0.876	drs	11	15
天津	0.590	0.622	0.948	irs	22	0.784	0.824	0.952	irs	16	1
河北	0.950	0.955	0.995	drs	7	0.717	0.719	0.998	irs	20	3
山西	0.855	0.880	0.972	irs	8	0.765	0.915	0.836	irs	18	1
内蒙古	0.723	0.726	0.996	drs	12	0.808	0.948	0.853	irs	14	1
辽宁	1	1	1	—	26	1	1	1	—	1	6
吉林	0.503	0.640	0.785	irs	26	0.691	0.735	0.940	irs	23	3
黑龙江	0.390	1	0.390	irs	29	0.760	1	0.760	irs	19	5
上海	0.593	0.662	0.897	irs	21	0.775	0.818	0.947	drs	17	13
江苏	1	1	1	—	1	0.988	1	0.988	drs	7	15
浙江	0.797	0.865	0.921	drs	10	0.933	1	0.933	drs	10	6
安徽	1	1	1	—	1	0.978	0.996	0.982	irs	9	1
福建	0.654	0.669	0.976	irs	18	0.590	0.593	0.995	irs	25	2
江西	0.563	0.599	0.940	irs	23	0.696	0.700	0.995	drs	21	3
山东	1	1	1	—	1	1	1	1	—	1	5
河南	0.676	0.827	0.818	drs	15	0.695	0.706	0.985	drs	22	2
湖北	1	1	1	—	1	1	1	1	—	1	3

续表

省域	省域众创空间					国家备案众创空间					国家大学科技园数量
	技术效率	纯技术效率	规模效率	规模收益	效率排名	技术效率	纯技术效率	规模效率	规模收益	效率排名	
湖南	0.674	0.707	0.953	irs	16	0.677	0.701	0.966	drs	24	2
广东	0.706	0.985	0.717	drs	13	0.980	1	0.980	drs	8	3
广西	0.436	0.657	0.664	irs	27	0.484	0.938	0.516	irs	27	1
海南	0.218	0.682	0.320	irs	31	0.318	1	0.318	irs	29	2
重庆	0.520	0.543	0.958	irs	24	0.788	0.794	0.993	drs	15	2
四川	0.668	0.816	0.819	irs	17	0.815	0.850	0.958	drs	13	5
贵州	0.628	0.892	0.704	irs	19	0.852	1	0.852	irs	12	2
云南	1	1	1	—	1	1	1	1	—	1	2
陕西	0.607	0.851	0.713	irs	20	1	1	1	—	1	4
甘肃	0.833	0.916	0.910	irs	9	1	1	1	—	1	3
青海	0.401	0.848	0.473	irs	28	0.415	1	0.415	irs	28	1
宁夏	0.383	0.770	0.497	irs	30	0.304	1	0.304	irs	30	1
新疆	0.516	0.906	0.569	irs	25	0.582	0.994	0.586	irs	26	1
东部	0.727	0.844	0.854			0.749	0.893	0.852			65
中部	0.795	0.836	0.947			0.798	0.832	0.959			12
西部	0.610	0.811	0.755			0.770	0.955	0.810			24
东北	0.631	0.880	0.725			0.821	0.897	0.921			14
均值	0.688	0.843	0.823			0.778	0.908	0.864			

对国家备案众创空间而言，技术效率均值为 0.778，纯技术效率均值为 0.908，规模效率均值为 0.864，仍然高于省域众创空间，说明调整后国家备案众创空间投入产出更为合理，处于技术前沿的 6 个省域规模收益不变，13 个省域规模收益递增，比第一阶段增加 10 个省域。总体来说，剔除环境因素和随机噪声后，国家大学科技园数量多的省域，技术效率排名较靠前，说明国家大学科技园对国家备案众创空间发展起推动促进作用，有利于众创空间运行效率提升。此外，也存在特殊情况，比如上海有 13 所国家大学科技园，数量位居全国第三，但上海众创空间和国家备案众创空间技术效率排名分别为第 21、第 17，说明众创空间有其独特运行的特点。国家大学科技园是高校较多的省域有优势，众创空间是经济发达省域有优势。

①省域众创空间与国家备案众创空间技术效率。

56.7%（17 个）省域众创空间技术效率低于均值 0.688，还存在较大上升的空间。第一阶段处于技术效率前沿的新疆和青海，在第三阶段未达到效率前沿，这两个省域国家大学科技园数量均为 1，说明国家大学科技园对众创空间影响较大。云南、辽宁、江苏、山东、湖北、安徽 6 个省域在调整后达到 DEA 有效，说明众创空间资源合理分配，运行效率高，国家大学科技园与众创空间存在竞争。辽宁、江苏、山东国家大学科技园数量相对较多，人才要素为众创空间发展提供智力支持，国家大学科技园较多省域，众创空间发展活跃。安徽国家大学科技园仅 1 家，但技术效率DEA 有效，众创空间通过用户数量积累实现平台"共享"，促进众创空间主体再链接，实现众创空间服务功能最大化（李燕萍、李洋，2018）。安徽邻近江浙沪区位优势有利于知识技术溢出，实现创新资源有效利用共享。

②省域众创空间与国家备案众创空间纯技术效率。

省域众创空间调整后纯技术效率均值为 0.843，陕西、四川两个省域纯技术效率被低估，天津、海南纯技术效率被高估，其他省域纯技术效率变化较小。国家备案众创空间调整后纯技术效率均值为 0.908，纯技术效率在调整前后变化不大，除天津、山西、内蒙古、河南 4 个省域的纯技术效率被高估外，其他省域保持不变或上升。不论是省域众创空间还是国家备案众创空间，技术效率都较高。一方面说明众创空间发展通过技术要素驱动，技术要素对提升众创空间运行效率作用明显，与众创空间的双创作用和加速科技成果转化目的一致；另一方面说明众创空间运营管理能力较强，众创空间借鉴国家大学科技园孵化经验良性发展。

③省域众创空间与国家备案众创空间规模效率。

省域众创空间规模效率均值为 0.823，天津、辽宁、山西、浙江、江苏、山东、河北 7 个省域的规模效率在较大程度上被低估，青海、宁夏、新疆、贵州被高估；国家备案众创空间规模效率均值为 0.864，广西、海南、青海、宁夏、新疆 5 个省域规模效率变化最明显。在调整前规模效率分别为 3 个省域效率有效、宁夏 0.946、新疆 0.998，调整后规模效率分别为 0.516、0.318、0.415、0.304、0.586，效率值位列最后 5 位，其余 25 个省域的规模效率均高于 0.75，说明这 5 个省域国家大学科技园对众创空间影响较小，规模效应不明显。

3.4.3　众创空间运行效率区域差异

依据国家统计局标准将 30 个省域划分为东部、中部、西部和东北四大板块，如表 3-16 所示。第一阶段省域众创空间技术效率沿西部—中部—东北—东部递减，国家备案众创空间技术效率沿西部—东部—中部—东北递减，这与区域经济发展状况不符，因此，第一阶段测算效率值可能存在误差。第三阶段省域众创空间技术效率沿中部—东部—东北—西部递减，4 个地区纯技术效率较高，说明技术和管理水平高，技术效率主要受规模效率影响。将省域和国家备案众创空间技术效率按高低进行分类，如表 3-17 和表 3-18 所示。东部、西部、东北地区众创空间发展不均衡，省域众创空间运行效率 [0，0.8) 区间占比 70%、81%、67%，中部发展最优；国家备案众创空间技术效率沿东北—中部—西部—东部递减，东部、西部众创空间效率〔0，0.9）区间分别占比80%、73%，中部和东北地区发展优于东部、西部。东部经济科技发展水平高，国家大学科技园数量占总数量的56%，众创空间发展具备更好的经济、科技、人才资源优势，但众创空间运行效率低于中部，可能是因为东部经济优势、宽松发展环境、勇于创新精神吸引众创空间发展，但资源投入未形成有效产出或产出滞后，因此众创空间发展前期运行效率不高；中部虽不具备东部优越经济环境条件，但国家大学科技园优势明显，众创空间运行效率较高。

表3-17 省域众创空间技术效率分类

地区	1=有效	[0.8，1）=较高	[0.7，0.8）=一般	[0，0.7）=较低	[0，0.8）占比
东部	苏、鲁	冀	京、浙、粤	津、沪、琼、闽	70%
中部	鄂、皖	晋		赣、豫、湘	50%
西部	云	甘	蒙	川、贵、陕、桂、渝、青、宁、新	81%
东北	辽			吉、黑	67%
占比	20%	10%	13.3%	56.7%	

表3-18 国家备案众创空间技术效率分类

地区	1=有效	[0.9，1）=较高	[0.8，0.9）=一般	[0，0.8）=较低	[0，0.9）占比
东部	鲁	苏	浙、粤	京、津、沪、琼、闽、冀	80%
中部	鄂	皖		赣、豫、湘、晋	67%
西部	云、陕、甘		蒙、贵	川、桂、渝、青、宁、新	73%
东北	辽			吉、黑	67%
占比	20%	6.7%	13.3%	60%	

国家大学科技园为众创空间发展提供多方位支持，通过构建国家大学科技园对众创空间运行效率影响的理论框架，运用三阶段 DEA 模型，测度省域众创空间和国家备案众创空间运行效率，分析国家大学科技园对众创空间运行效率影响。第一阶段结果表明：国家备案众创空间效率高于省域众创空间，两者纯技术效率高于规模效率，大多数省域处于规模报酬递减阶段。第二阶段结果表明：国家大学科技园在孵企业个数、管理机构从业人员总数的增加，不利于众创空间运行效率提升；孵化场地面积增加有利于降低众创空间投入冗余。第三阶段结果表明：众创空间发展对国家大学科技园有挤占效应。调整后的众创空间技术效率均值增加，国家备案众创空间效率仍高于省域众创空间效率，处于规模报酬递增阶段众创空间数量增加，说明扩大规模有利于众创空间运行效率提升；众创空间发展区域差异大，省域和国家备案众创空间运行效率最高区域，分别为中部和东北；众创空间发展有独特运行特点，安徽仅一家国家大学科技园，但省域众创空间运行效率达到 1，弥补了国家大学科技园孵化功能的区域局限。国家大学科技园对省域及国家备案众创空间运行效率影响显著，剔除环境因素后，国家备案众创空间规模效率提升明显。调整前后，东部地区省域众创空间技术效率均值增幅最高。国家大学科技园孵化场地面积增加有助于降低众创空间投入冗余，大学科技园孵化经验叠加区域产业优势，助推众创空间高效运营。

众创空间发展对激发创新创业活力具有重要意义，需要在实践中逐步探索。根据实证结果，提出三点建议：①国家大学科技园对众创空间运行效率提升作用明显，可充分利用大学科技园和科技企业孵化器等有利条件，发挥众创空间的规模优势，创新众创空间发展模式，建立多样化的众创空间运行机制，提高众创空间服务能力和抵抗市场风险能力。建立众创空间与国家大学科技园区域合作机制，充分将高校智力成果转化为创新产品。②由于区域资源禀赋差异较大，各区域众创空间发展不平衡，积极发挥中部国家大学科技园对众创空间运行效率的提升作用。西部、东北众创空间大多均处于规模收益递增阶段，政府应加强财政支持和环境建设，引导创新资源流入。③众创空间具有独特运行特点，借助区域产业优势进一步提升运营能力，发挥国家大学科技园对国家备案众创空间的引领作用。国家备案众创空间具备更好的市场环境和技术支撑，适当简化国家备案众创空间申报程序，积极发挥国家备案众创空间示范作用，提供开放协同资源平台，吸引多元社会资源加入，促进创新能力扩散。

第4章

科技园区集散及溢出效应

4.1 ▶ 科技园区极化与扩散效应

2009 年以后，我国国家高新区进入二次扩张时期：国家高新区的数量由 2008 年覆盖 28 个省域的 54 家增加到 2013 年覆盖 30 个省域的 114 家；2013 年国家高新区生产总值占比达到 11.1%，其经济带动能力进一步增强。同时，在金融危机的影响下，全国高新技术企业数量显著下降：2009 年仅为 25 386 家，比 2008 年减少了 50.7%，比 2007 年减少 54.7%；2013 年的数量比 2007 年减少了 1 364 家。国家高新区逐步成为高新技术企业的重要平台，2013 年 114 家国家高新区中 30.6% 的企业是高新技术企业，其数量达 21 795 家，占全国高新技术企业总量的 40%，国家高新区对全国高新技术产业的发展起到有力支撑。然而，国家高新区的省域分布和经济带动能力仍呈不均衡发展趋势，江苏、广东和山东三省的国家高新区数量占全国总量的 1/4，而山西、海南、贵州和青海 4 省区均只有一家国家高新区。同时，高新技术产业两极分化不断加剧：榆林高新区的高新技术企业数量最少——仅一家，中关村高新区的高新技术企业数量最多——超过 7 000 家；合肥高新区的高新技术企业数量占企业总量比例最高——达到 85.7%，长春净月高新区的该比例最低——仅 1%。在国家高新区创新资源极化的同时，其创新辐射范围并未明显扩大。国家高新区创新企业集聚优势，能否转换为对区域高新技术产业发展的支撑优势，体现在国家高新区相对区域高新技术企业的极化与扩散效应强弱，通过分析国家高新区的极化和扩散效应的区域差异和时间差异，为国家高新区布局优化和增长模式转换提供参考依据。

集聚与扩散已成为国内外学者研究区域发展规律的空间机理。哈佛大学教授迈克尔·波特较早对产业集群给出定义。MYRDAL 的累积循环因果论认为：集聚效应是指劳动力、资金等生产要素从不发达区域向发达区域流动，从而使区域差异不断扩大；扩散效应是指发达地区发展到一定程度后，其生产成本逐渐上升，各生产要素从发达地区向不发达区域流动，从而使区域差异越来越小。赫希曼提出了不平衡增长理论；哈格斯特朗提出了扩散理论，将区域间各种力量的消长概括为"集聚力"与"扩散力"两种力的作用。区域间的空间联系被视为区域经济增长的重要特征。伊斯兰（Islam N，1995）运用面板方法研究了空间扩散效应；雷伊（Rey S，1999）通过创建空间计量模型实证分析了地区间的相互影响；芬格尔顿（Fingleton B，2001）建立了考虑时空效应的区域经济动态不平衡发展模型。关于经济增长的区域溢出效应，英（Ying L G，2003）较早关注到中国存在内核地区对外围地区的空间溢出效应。一些中国学者分别对省域（潘文卿，2012）、市域（时省、赵定涛、魏玖长，2012）、县域（方叶林、黄震方、涂玮，2013）的经济极化与扩散效应进行了实证研究，关注区域经济发展的不平衡性和空间差异性的表现和原因。

作为区域经济发展的创新极、技术极和增长极，高新区的经济增长影响了其所在区域的经济增长，高新区对区域创新资源的极化和扩散效应受到极大关注。泰恩（Tann J，2006）提出了高新区地理有界化概念，指出高新区在成果转化、企业集聚、区域拉动等方面对区域经济有突出作用；

莫特鲁、奥尔蒂斯和莫拉（Montoro S A，Ortiz U M，Mora E M，2011）从创新和协作的视角对比分析了园区内外部企业知识溢出效果的差异，调查数据显示园区内企业的知识溢出强度远高于园区外企业；阿雷桑德罗（Alessandro B，2011）从二元经济结构和区域经济梯度推移的视角，提出高新区作为增长极会引起积累性因果循环，最终形成空间二元经济非均衡结构。一些学者研究了国家高新区的极化效应。例如：王松和胡树华（王松、胡树华，2011）利用 Esteban – Ray 和 Tsui – Wang 极化指数测量了高新区的不均衡程度和变化趋势，并依据极化水平差异规划了示范区的空间布局；谢子远（谢子远，2014）基于 2007～2010 年的统计数据，从要素集聚、人才集聚、创新集聚和生产力促进效应4个维度，通过进行配对样本均值 t 检验，对国家高新区的集聚效应进行了实证研究。解佳龙和胡树华（解佳龙、胡树华，2013）从载体支撑、自主创新、积聚辐射和外向拓展4个维度设计国家自主创新示范区四维度甄选指标体系，运用相对偏差模糊矩阵和 WT 指数构建综合甄选模型，研究了国家高新区与所在区域的融合程度。国外学者更注重高新区对区内企业创新的助推作用以及对区外企业创新的溢出效应。而国内学者侧重于高新区创新能力绩效评价以及高新区对区域经济的引领和支撑作用。金融危机加速了国家高新区的建设步伐，进一步稳固了高新区以创新为主体特征的产业体系。然而，国家高新区相对独立的发展模式、良好政策环境导致高新区的辐射效应难以向周边区域渗透，区域经济相对传统增长方式也影响了国家高新区引领、辐射和带动作用发挥。按照高新区高新技术产业导向，国家高新区已形成资本密集型产业和研发密集型产业共存的发展形态，鲜有学者从高新技术企业的角度分析高新区的极化与扩散效应。

4.1.1　研究方法与指标选择

（1）国家高新区极化与扩散叠加溢出效应的测量方法

极化和扩散是区域发展不均衡的两个方向，是区域差异在不同发展阶段逐步扩大或缩小的不均衡状态。极化—扩散—均衡发展是区域经济发展的重要规律之一。威廉姆森（Williamson J G，1965）的倒 U 理论就是对不同发展阶段的区域差异程度的诠释。高新区对其周围地区的影响程度一般与其规模正相关，与两者的距离负相关。具有较强的吸引、辐射和创新能力的国家高新区通过发挥集聚、扩散和创新等经济功能，辐射周边园区、吸引高素质人口就业，从而渗透和带动周边区域的经济发展。高新区所在城市经济的强弱在一定程度上体现了高新区辐射扩散能力的强弱。高新区的辐射能力越强，周边区域经济与高新区经济的联系越紧密，更能强化高新区的扩散效应、促进高新区与区域经济协调发展。同时，高新区所在城市的经济越发达，城市越能为高新区的创新活动提供多种支持性资源，有助于高新区持续快速发展。不同区域的高新技术产业差异间接反映了高新区极化和扩散效应的空间不均衡性。弗森伯格（Verspagen B，1991）认为，区域知识存量作为创新溢出的扩散源具有外生特性，并假设两区域的知识存量差距等价于两区域的知识存量比值后取对数，以保证当区域知识存量差距为零时两区域的知识存量水平相等（Verspagen B，1991）。两区域间知识溢出的表达式为：

$$S = \alpha G \cdot e^{-G/\delta} \tag{4-1}$$

式（4-1）中，S 为区域间实际知识溢出，αG 为区域间潜在知识溢出，δ 为区域固有学习能力，$0 < \alpha < 1$。凯尼尔斯（Caniels M，2000）通过修正渥斯巴根（1999）弗森伯格的空间知识溢出模型，得到区域 i 对区域 j 的知识溢出效应。为更好地反映国家高新区极化扩散效应的变化趋势、纵向动态地衡量总体溢出效应的变化特征，用式（4-2）测量每年各省域国家高新区极化与扩散叠加的溢出效应。

$$S_{ij} = \frac{\alpha}{\lambda_{ij}} G_{ij} \cdot e^{-(G_{ij}/\delta_{ij} - \mu_{ij})^2} \tag{4-2}$$

式（4-2）中，S_{ij} 为某省域内高新区 i 对高新技术产业 j 的溢出效应指数。当用式（4-2）测度第 t 年溢出效应时：G_{ij} 为第 t 年某省域国家高新区的某项指标值 k_i 与同期该省域内高新技术企业的同项指标值 k_j 的比值再取对数，即 $G_{ij} = \ln\left(\dfrac{k_i}{k_j}\right)$；$\delta_{ij}$ 为高新区相对高新技术产业的增长能力，可用国家高新区与高新技术企业在第 t 年的同指标值的增速差衡量国家高新区的相对增长能力，即 $\delta_{ij} = k_i^t/k_i^{t-1} - k_j^t/k_j^{t-1}$；$u_{ij}$ 和 λ_{ij} 分别为省域内国家高新区与高新技术企业的技术差距系数和地理距离，各省域的国家高新区一般包括了省内多数高新技术企业，并且整体地理位置较为邻近，在不失一般性的情况下，可将 u_{ij} 和 λ_{ij} 都设为 1；α 表示每项指标在溢出效应中的相对重要性，由同指标样本的相关性决定，其取值范围为 ［0，1］。相比式（4-1）和式（4-2）通过将 e 的指数平方，将区域学习能力即指数函数值的取值范围控制在区间 ［0，1］ 内，更有助于比较不同区域空间溢出效应的相对差距。

国家高新区相对高新技术企业的溢出效应，会强化国家高新区扩散效应，弱化国家高新区极化效应。溢出效应为正值，表明相对区域内高新技术企业的发展规模，国家高新区对高新技术企业的扩散效应强于极化效应；溢出效应为负值，表明相对区域内高新技术企业总量，国家高新区对高新技术企业的极化效应强于扩散效应。

（2）比较对象与指标选择

随着国家高新区的扩张步伐日益加快，高新技术企业的主体作用不断强化，但国家高新区对高新技术企业的带动能力并未同步提高。以高新技术企业数量为例，所有国家高新区的高新技术企业数量及占比由 2003 年的 22 238 家、67.7% 下降到 2013 年的 21 795 家、30.6%。选取高新技术企业的各项指标作为参照对象，可以更好地体现国家高新区在同类指标上的极化或扩散程度、判断国家高新区的集聚优势；同时，为方便比较金融危机前后国家高新区的集聚优势，以 2007 年为纵向比较的始点。为更全面地反映各省域的国家高新区相对于高新技术企业的溢出效应，采用中国火炬中心发布的 2007～2013 年国家高新区和全国高新技术企业的分类统计数据。

以经济带动、社会贡献和创新驱动作为指标选取的维度导向，选取国家高新区和高新技术企业共有的9项指标测度国家高新区溢出效应 Caniels 指数，虽然每项指标都不能单独地全面衡量国家高新区的溢出效应，但是所衡量的方面各有侧重。为较好地反映不同阶段国家高新区溢出效应的结构性差异，运用 SPSS21.0 软件对国家高新区和高新技术企业的共有指标进行相关性分析，以衡量国家高新区与高新技术企业在9项指标上的相似程度。2007～2013 年国家高新区与高新技术企业的同指标相关性即 Caniels 模型的 α 值如表 4-1 所示。其中，α 值可以作为各指标权重。由从表 4-1 可知：2007～2013 年历年出口创汇的 α 值最高，其次是技术收入，这期间两个指标的 α 值都高于 0.93；这期间净利润和上缴税费的 α 值都低于 0.85；金融危机后，工业总产值的 α 值降低，而科技活动人员的 α 值上升，反映出相对产值规模，高新区与高新技术企业更注重创新投入。

表 4-1　　　　2007～2013 年中国 30 个省域国家高新区与高新技术
企业的同指标相关性（α 值）

年份	经济带动/千元			社会贡献			创新驱动		
	总收入	工业总产值	净利润	上缴税费/千元	出口创汇/千美元	年末从业人员/人	R&D经费/千元	技术收入/千元	科技活动人员/人
2007	0.854	0.920	0.775	0.738	0.970	0.828	0.842	0.968	0.717
2008	0.886	0.921	0.795	0.841	0.977	0.853	0.896	0.960	0.762
2009	0.831	0.568	0.789	0.759	0.953	0.837	0.857	0.954	0.768
2010	0.819	0.888	0.787	0.745	0.960	0.836	0.825	0.941	0.799
2011	0.851	0.891	0.850	0.748	0.973	0.862	0.816	0.951	0.826
2012	0.825	0.886	0.838	0.662	0.954	0.884	0.847	0.951	0.858
2013	0.824	0.889	0.802	0.705	0.947	0.885	0.872	0.931	0.851

4.1.2 溢出效应"N"型特征

作为区域经济的助推力量，高新区的极化和扩散效应是各种经济要素、创新活动的相关性和结构性产生的重要机制。国家高新区的极化效应强化了其对区域经济发展的主导作用，其扩散效应体现了国家高新区的创新能力对区域经济的辐射范围。高新区的极化效应与扩散效应相互作用，以空间溢出形式推动区域创新能力的提升。国家高新区的溢出效应会随着地区间距离的拉大而减弱。金融危机后，国家高新区的城市分布更加离散化，省域间差距也更为明显，但是省域内分布相对集中。2008～2013年我国30个省域内国家高新区相对高新技术企业的省域内溢出效应值如表4-2所示。

表4-2 2008～2013年国家高新区相对高新技术企业的省域内溢出效应变化

经济区域	数量省域	年份						强↗减弱↘
		2008	2009	2010	2011	2012	2013	
		54	56	56＋27	88	105	114	
东部10省市	北京	-0.39	1.80	0.75	0.48	1.02	1.24	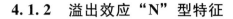
	天津	-1.57	-1.51	-0.94	-0.64	-0.23	-0.32	
	河北	-1.10	-0.50	-1.62	-0.23	-0.88	-0.84	
	上海	-2.07	-1.60	-2.57	-2.00	-1.00	-1.42	
	江苏	-1.47	-0.73	-2.17	-2.06	-1.52	-1.27	
	浙江	-1.13	-4.62	-3.89	-2.95	-2.67	-2.12	
	福建	-2.54	-2.36	-2.96	-2.52	-0.76	-0.81	
	山东	-0.14	0.66	-1.69	0.00	0.22	-0.80	
	广东	-1.56	-0.79	-2.26	-1.25	-0.92	-0.87	
	海南	-3.30	-1.84	0.18	-0.13	0.20	-0.07	

续表

经济区域	数量省域	年份						强↗减弱↘
		2008	2009	2010	2011	2012	2013	
		54	56	56＋27	88	105	114	
东北3省	辽宁	2.13	2.48	0.64	0.92	2.73	2.41	↗↘↗↗↘
	吉林	1.18	5.72	2.02	3.82	4.20	3.37	↗↘↗↗↘
	黑龙江	− 1.23	− 0.55	− 0.38	0.33	1.07	1.50	↗↗↗↗↗
中部6省	山西	− 2.26	− 1.54	− 3.81	− 3.46	− 4.27	− 1.31	↗↘↗↘↗
	安徽	− 4.42	− 1.08	− 5.42	− 0.64	− 0.79	− 0.87	↗↘↗↘↘
	江西	− 0.99	0.59	− 0.98	0.52	− 1.19	− 0.28	↗↘↗↘↗
	河南	− 1.27	− 0.65	− 2.20	− 1.21	− 1.03	0.05	↗↘↗↗↗
	湖北	− 0.68	0.29	0.54	0.43	2.20	0.85	↗↗↘↗↘
	湖南	− 0.19	0.11	− 0.06	− 0.47	0.06	− 0.18	↗↘↘↗↘
西部12省区（西藏除外）	内蒙古	3.16	4.64	0.31	0.99	0.90	1.25	↗↘↗↘↗
	广西	2.81	1.76	− 0.75	1.09	0.87	1.05	↘↘↗↘↗
	重庆	− 1.07	− 0.67	− 1.86	− 1.05	− 1.32	− 1.40	↗↘↗↘↘
	四川	− 0.96	0.11	− 0.79	− 1.12	0.75	− 0.20	↗↘↘↗↘
	贵州	− 1.56	2.21	− 0.77	1.79	1.32	2.08	↗↘↗↘↗
	云南	− 3.67	− 0.90	− 3.44	− 2.56	− 1.02	0.05	↗↘↗↗↗
	陕西	0.22	3.05	1.29	2.46	1.95	3.10	↗↘↗↘↗
	甘肃	5.47	4.27	1.72	− 0.64	1.91	2.77	↘↘↘↗↗
	青海					− 2.52	− 6.02	↘
	宁夏					− 3.54	1.44	↗
	新疆	− 0.72	0.00	− 4.25	0.52	− 2.04	0.17	↗↘↘↗↗

注：↗表示溢出效应比上一年增强，↘表示溢出效应比上一年减弱。2010 年国家高新区数量为 83 家（56＋27），但新增的 27 家国家高新区该年数据并未单独统计，因此 2010 年样本数量仍为 56 家。

金融危机后，2009 年全国高新技术企业数量急剧下降；除浙江、广西和甘肃 3 省区的国家高新区的溢出效应减弱外，其他省域样本的国家高新区的溢出效应显著增强，发挥了对区域经济的稳定和支撑作用。北京、江西、山东、湖北、湖南、四川、贵州和新疆 8 个省域的国家高新区的溢出效应由 2008 年的负值上升为 2009 年的正值，反映出溢出效应增强。中西部地区国家高新区扩散效应显著增强。2010 年仅 5 个省域的国家高新区的溢出效应比 2009 年增强，主要是因为并未单独统计新升级的 27 个国家高新区的数据，因此 2010 年 30 个省域的国家高新区总量仍为 56 家，青海和宁夏两省仍缺少国家高新区。2011～2013 年国家高新区数量的快速增加推动了国家高新区扩散范围的扩大，使得溢出效应但增强幅度有所下降。2013 年国家高新区溢出效应增强的省域达到 17 家，主要集中在中、西部区域。

　　将 2008～2013 年各省域国家高新区的溢出效应的逐年差异程度转换为百分比形式，有助于直观反映溢出效应的变化趋势，如图 4 - 1 所示。可以看出：2008～2013 年 30 个省域国家高新区溢出效应的逐年差异程度总体上呈先升后降的 N 型交替变化趋势，其逐年差异程度百分比围绕 0 上下波动，以河北、山西、内蒙古、江西、贵州、陕西和新疆 7 个省域最为明显；2009 年北京、吉林和陕西国家高新区的溢出效应增幅同比超过 38%；

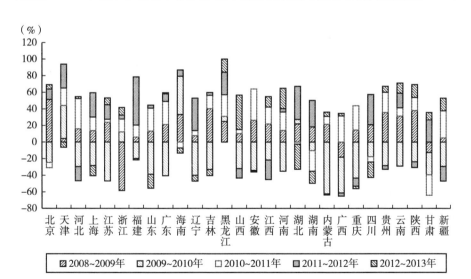

图 4 - 1　2008～2013 年 30 个省域国家高新区溢出效应的年度同比百分比

仅黑龙江国家高新区的溢出效应在 2008～2013 年逐年增强，其他省域国家高新区的溢出效应变化近似对称分布。2008～2013 年国家高新区的溢出效应始终为正值的 4 个省域的变化程度有较大差别，其中 N 型特征在西部地区地理邻近的内蒙古和陕西较为明显，东北地区的辽宁和吉林溢出效应始终为正值，邻近省域国家高新区的溢出效应呈相似特征。

4.1.3　区域板块及维度特征

为了全面考察国家高新区溢出效应的区域差异，按照 2005 年国家统计局的四大经济区域划分方法，将 30 个省域样本划分为东部地区、中部地区、东北地区和西部地区，衡量 2008～2013 年四大区域国家高新区总体的溢出效应及 3 个维度（经济带动、社会贡献和创新驱动）的特征，如图 4-2 所示。在经济欠发达的西部 11 个省，国家高新区 3 个维度强弱转换与总体效应变化趋势较为一致，呈现周期波动特征。2013 年东北三省国家高新区总体的溢出效应减弱，但是其创新驱动维度的扩散效应比 2009 年显著增强。与 2011～2013 年东北三省国家高新区在 3 个维度上的溢出效应非同步变化不同，中部 6 省的国家高新区在 3 个维度上的溢出效应与总体溢出效应的变化趋势基本一致，其中社会贡献维度的溢出效应增强、创新驱动维度的溢出效应明显减弱。2008～2013 年东部 10 省国家高新区在经济带动维度上的溢出效应呈 W 型变化特征，而创新驱动维度的溢出效应呈倒 U 型变化特征，创新驱动维度的扩散效应由强转弱。

为了进一步明确经济较发达区域和经济欠发达区域的国家高新区的溢出效应年度同比增长差异，遵循传统的区域两极划分方式，将所有的国家高新区分别按照沿海—内陆、南方—北方两大区域空间进行划分，比较两极国家创新区的总体溢出效应及在 3 个维度上的溢出效应的变化趋势，具体如图 4-3 所示。从图 4-3 可知，包括广西、海南及东部 10 省的沿海地区与由长江以南的 15 省域构成的南方地区，其国家高新区溢出效应的变化较为相似，且 3 个维度中创新驱动维度的溢出效应强弱转换时长最长。

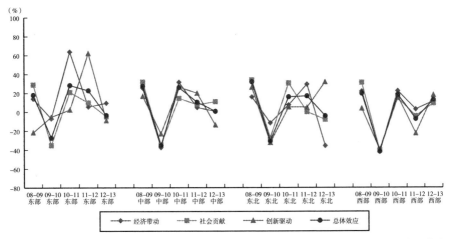

图 4 - 2　2008～2013 年四大区域国家高新区总体及 3 个维度的溢出效应年度同比百分比

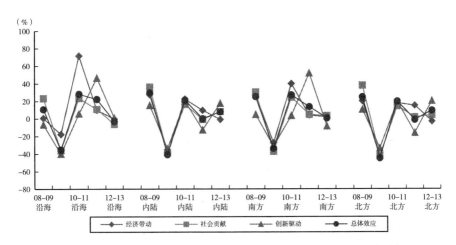

图 4 - 3　2008～2013 年国家高新区溢出效应的两极空间及维度特征

内陆地区和北方地区的国家高新区溢出效应的纵向变化都呈现出与西部板块类似的 W 型转换特征，2010 年开始创新驱动维度的溢出效应的波动幅度增大。由此可见，沿海地区、南方地区和东部地区等经济较发达区域的国家高新区的创新驱动溢出效应减弱，且其波动间隔较长，与其他维度溢出效应的转换不同步；内陆地区、北方地区和西部地区等经济欠发达区域的国家高新区在经济带动、社会贡献和创新驱动 3 个维度上的溢出效应的强弱转换较为同步、其波动间隔较短，其中创新驱动维度的溢出效应增强。各区域国家创新区的总体溢出效应的波动特征与相应的社会贡献维度溢出效应的波动特征较相类，与创新驱动维度溢出效应的波动特征的差别最大。

通过运用凯尼尔斯空间溢出模型，从经济带动、社会贡献和创新驱动 3 个维度，测度 2008～2013 年我国 30 个省域内国家高新区相对高新技术企业的极化与扩散叠加的溢出效应。研究结果显示：6 年间国家高新区的总体溢出效应呈 N 型波动特征，金融危机后各省域国家高新区的溢出效应显著增强，比高新技术企业更具扩散优势；分区域板块看，经济较发达区域的国家高新区在各维度上的溢出效应的波动存在较大差异，而经济欠发达区域的波动较为一致，极化扩散强弱转换时长区域间向内陆—沿海，北方—南方，西部—中部—东北—东部方向延；从 3 个维度看，相比经济带动和社会贡献维度，创新驱动维度溢出效应的强弱转换时长较长，东部板块的创新驱动溢出效应呈倒 U 型转换特征，创新驱动维度的溢出效应在不同区域的波动存在差异，最终导致各区域国家高新区总体溢出效应的波动存在差异。

按照省域空间划分国家高新区并进行比较，能够动态反映金融危机后每年新增的国家高新区的空间特征及省域差异，克服了新增国家高新区数量变化引起数据不连贯的问题，并避免了以往研究 56 个国家高新区的局限性。金融危机后，国家高新区数量逐年增加，对区域经济的支撑作用不断增大。为了更好地统筹区域间及省域内国家高新区的同步发展，建议从以下 3 个方面着手：第一，依托国家高新区带动区域经济增长的创新优势，强化创新驱动优势的空间扩散效应，扩大国家高新区的辐射范围，提高对高新技术企业的辐射能力，推动与区域产业的深层次融合；第二，结合国家高新区科技与产业并重的二元结构特点，完善高新区区内与区外高新技术企业的要素流动和协同创新机制，弱化不同区域的国家高新区对高新技术产业溢出效应的差异；第三，国家高新区的平衡发展政策不应仅局限于高新区内部，应兼顾各省域的国家高新区与高新技术企业的协调发展，为后续新增国家高新区的空间布局和省域均衡发展提供参考依据。

以高新技术企业为参照样本，运用凯尼尔斯空间溢出模型测度国家高新区极化与扩散叠加的溢出效应的变化趋势，测量了溢出效应强弱转换的区域差异和维度差异，据此分析国家高新区的创新驱动转换特征。不足之处在于研究层面选取省域空间，忽略了省域空间以及省域内城市间的国家高新区极化扩散效应。后续研究将考虑空间相关性，从国家高新区所在城市的层面进行实证分析。

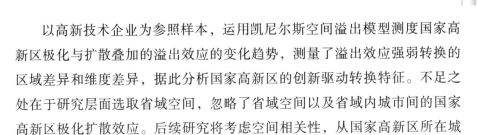

4.2 ▶▶ 科技园区集散效应转换过程

金融危机后，为充分发挥国家高新区区域经济引领、创新要素扩散功能，国家高新区数量逐年递增。2015 年 2 月和 10 月两次总共新增 30 个国家高新区，总量达到 145 家，2015 年也成为"十二五"期间国家高新区新增数量最多的一年。145 个国家高新区 2014 年营业总收入达到 22.7 万亿元。在全国经济进入新常态的情况下，国家高新区依然在高基数上保持了营业总收入两位数的高速增长，经济创造能力持续提升，对稳定经济增长作出了重要贡献。国家高新区聚集了全国 30% 以上的企业研发投入和 55% 以上的企业研发人员，实现了全国 50% 以上的企业发明专利。2014 年国家高新区研发投入达 4 000 亿元，占全国研发企业投入的 30%；高新区内的高新技术企业总数超过 2.5 万家，占全国的 40%，仅与 2013 年持平。2013 年 114 个国家高新区企业总量的 30.6% 是高新技术企业，达到 21 795 家，占当年全国高新技术企业总量的 40%。

国家高新区数量逐年递增，但国家高新区对全国高新技术产业的推动作用、对战略性新兴产业的支撑作用并未显著增强。同时国家高新区的省域分布两极分化加剧：江苏 15 家、山东 12 家、广东 11 家，3 省国家高新区数量占全国国家高新区总量 145 家的 25.5%，而海南、贵州、青海 3 省仍只有一家国家高新区。国家高新区的区域非均衡布局也加剧了区域经济增长差距。相比东部经济较发达区域国家高新区扩散溢出效应，西部经济欠发达区域的国家高新区仍停留在集聚效应主导的发展层面，尚未对区域经济增长产生较为明显的溢出效应。集聚—扩散—再集聚—再扩散的循环往复，也推动区域国家高新区与高新技术产业的相互作用、不断融合。因此，分析国家高新区集散效应的转换过程及方式，有助于将国家高新区集聚优势转为区域经济增长优势，更好地推动国家高新区创新扩散效应发挥。

国家高新区四至范围的相对独立区域发展模式，入驻企业优惠政策措施，都导致国家高新区要素资源较难向周边区域渗透，难以形成产城融合。区域经济增长方式差异也影响了国家高新区创新资源扩散。国家高新区创新驱动战略提升行动实施方案实施分类指导，将国家高新区分为世界一流高科技园区、创新型科技园区、创新型特色园区 3 类园区，分别对应引领示范、创新集聚、产业集群的功能定位。按照国家高新区高新技术产业创新驱动导向，鲜有学者以区域高新技术产业作为参照，比对国家高新区的区域规模集聚与创新扩散效应。考虑青海和宁夏两省的国家高新区 2011 年才纳入中国火炬统计年鉴，为保证面板数据的一致性，选取青海、宁夏、西藏除外的 28 个省域 2007 ~ 2013 年国家高新区及高新技术产业数据，构建国家高新区对高新技术产业集聚与扩散的计量模型，测度国家高新区金融危机前后的集散效应变化强弱程度，为不同区域国家高新区差异化发展政策制定提供参考依据。

4.2.1 集散效应研究方法

（1）国家高新区集散效应模型构建

先极化再扩散最后实现均衡发展是区域经济发展的重要规律。威廉姆逊（1965）的倒 U 理论就是对不同发展阶段区域差异程度的诠释。借鉴库兹涅茨曲线基于面板数据分析的计量模型，选取国家高新区和高新技术企业共有指标进行集散效应维度测度，模型如公式（4-3）所示：

$$HE_{ity} = \theta + \alpha_1 HZ_{ity} + \alpha_2 HZ_{ity}^2 + \alpha_3 HZ_{ity}^3 + \beta NE_{it} + \mu_{it} \qquad (4-3)$$

公式（4-3）中，HE_{ity} 表示第 t 年第 i 个省域高新技术产业的第 y 项指标值（$y = 8$），θ 为不随个体变化的固定数值，即截距；HZ_{ity} 表示第 t 年第 i 个省域内各国家高新区第 y 项指标值的汇总值；NE_{it} 表示第 t 年第 i 个省域内全部国家高新区的入驻企业数量占全国国家高新区企业数量的比重；μ_{it} 为误差项。α_i 符号取值不同时，国家高新区对高新技术产业的集散曲线会呈现不同形式：（1）α_1，α_2，α_3 都不为零时，集散效应曲线呈现 N 型特征；（2）α_3 取零，α_1 不为零，$\alpha_2 > 0$ 时，集散效应曲线呈现 U 型特征；（3）α_3 取零，α_1 不为零，$\alpha_2 < 0$ 时，集散效应曲线呈现倒 U 型特征。国家高新区相对高新技术企业的集散效应，会随着国家高新区扩散效应的增强而增强，随着国家高新区集聚效应的增强而减弱。集散效应曲线呈现 U 型特征时，表明相对区域内高新技术企业发展规模，国家高新区对高新技术企业的集散效应由集聚效应主导逐渐转向由扩散效应主导；当集散效应曲线呈现倒 U 型特征时，表明相对区域内高新技术企业总量，国家高新区对高新技术企业的推动作用由扩散效应主导转向由集聚效应主导。

（2）指标选择

随着国家高新区扩张步伐加快，高新技术企业主体作用不断强化，但国家高新区对高新技术企业的带动能力并未同步上升。以高新技术企业数量变化为例，所有国家高新区的企业总量中高新技术企业数量和占比，由 2003 年 22 238 家占比为 67.7%，下降到 2013 年 21 795 家占比仅为 30.6%。选取高新技术企业各项指标作为参照对象，可以更好地体现国家高新区在同类指标上的集散效应强弱程度，判断国家高新区对高新技术产业的引领推动作用。同时为方便比较金融危机前后高新区集聚优势，纵向比较始点选择从 2007 年开始。

为能更全面地反映各省域国家高新区相对高新技术企业的集散效应强弱，采用中国火炬中心关于国家高新区和全国高新技术企业 2007～2013 年的分类统计数据，以规模集聚和创新扩散作为指标选取的维度导向，共选取国家高新区和高新技术企业都有的 8 项指标。纵向变化过程中每项指标都不能单独全面衡量国家高新区集散效应强弱，但具体衡量方面又各有侧重，8 项指标对国家高新区集散效应强弱变化具有一定的代表性。

4.2.2 集散效应强弱指数测算

金融危机前后 2007 ~ 2009 年，国家高新区总收入、工业总产值、年末从业人员、净利润、技术收入、科技活动人员六项指标每年总量保持增长；而比较年增长率，前 3 项指标呈下降趋势，后 3 项指标从 2008 年下降后转为 2009 年迅速上升。国家高新区研发经费和出口创汇两项指标 2009 年总量呈现下降趋势。鉴于国家高新区 8 项指标各有阶段性和区域性差异，同时考虑国家高新区与高新技术企业 8 项指标的较强相关性，因此为更客观地衡量国家高新区整体集散效应，采用降维思想，将 8 项指标转化为少数综合指标，运用主成分分析方法构建国家高新区集散效应强弱指数。对 8 项指标数据进行标准化后，提取主成分。对 2007 ~ 2013 年国家高新区与高新技术产业的省域标准化数据，分别运用主成分方法。SPSS22 软件运行结果显示，两者第一主成分贡献率每年最低值都在 76% 以上，因此对第 t 年第 i 个省域国家高新区 z 的截面数据，可以提取 1 个主成分作为国家高新区强弱指数 GD_{itz}；同时对第 t 年第 i 个省域高新技术企业 e 的截面数据，可以提取 1 个主成分作为高新技术产业强弱指数 GD_{ite}。然后取两者比值，则第 t 年第 i 个省域内，国家高新区相对高新技术产业的集聚扩散效应强弱指数 GD_{it}，可以表示为 $GD_{it} = GD_{itz}/GD_{ite}$，各省域国家高新区集散效应指数 GD_{it}，如表 4 - 3 所示。

可以看出，2008 年金融危机发生时，国家高新区和高新技术产业都不同程度地受到影响。2008 年 28 个省域中，集散效应指数增强和减弱的省域各为 14 个。国家高新区集散效应指数 2009 年和 2010 年均有 15 个省域增强，而 2011 年除北京、江苏、内蒙古、甘肃 4 省域减弱，浙江没有变化，其余 23 个省域国家高新区集散效应指数均呈现不同程度上升，反映出国家高新区发挥了比高新技术产业更为稳定和持续的经济引领带动作用。2013 年全国高新技术企业数量达到 5.4 万家，刚超过 2008 年的 5.1 万家，对区域经济引领作用逐步提升，同期 2013 年 15 个省域国家高新区集散效应指数减弱，上海、江苏、云南 3 省指数没有变化。

表 4-3　　　　　国家高新区省域内集散效应强弱指数 GD_{ii} 变化趋势

区域		2007年	2008年	2009年	2010年	2011年	2012年	2013年	均值	区间强↗弱↘
东部10省市	北京	1.76	1.51	1.67	1.98	1.77	1.71	1.83	1.75	↘↗↗↘↘↗
	天津	1.45	1.20	0.72	1.15	1.19	1.29	1.17	1.17	↘↘↗↗↗↘
	河北	1.20	1.06	0.97	0.93	1.17	1.07	0.78	1.03	↘↘↘↗↘↘
	上海	0.81	0.76	0.59	0.72	0.73	0.81	0.81	0.75	↘↘↗↗↗-
	江苏	0.68	0.74	0.75	0.81	0.75	0.73	0.73	0.74	↗↗↗↘↘-
	浙江	0.52	0.60	0.37	0.48	0.48	0.44	0.47	0.48	↗↘↗-↘↗
	福建	0.63	0.70	0.54	0.62	0.71	0.87	0.93	0.72	↗↘↗↗↗↗
	山东	0.69	0.73	0.92	1.00	1.16	1.06	0.98	0.93	↗↗↗↗↘↘
	广东	0.74	0.77	0.76	0.81	0.86	0.90	0.86	0.81	↗↘↗↗↗↘
	海南	0.74	0.16	0.34	0.57	1.67	2.57	2.28	1.19	↘↗↗↗↗↘
东北3省	辽宁	2.13	2.77	2.05	2.21	2.22	2.45	1.98	2.26	↗↘↗↗↗↘
	吉林	2.62	2.70	3.44	4.34	4.62	5.43	4.18	3.90	↗↗↗↗↗↘
	黑龙江	1.17	1.16	1.00	1.31	1.75	2.06	2.02	1.50	↘↘↗↗↗↘
中部6省	山西	1.11	0.93	0.73	0.64	0.68	0.76	0.68	0.79	↘↘↘↗↗↘
	安徽	0.61	0.48	0.54	0.53	0.76	0.91	0.93	0.68	↘↗↘↗↗↗
	江西	1.32	1.38	1.69	0.80	1.64	1.09	0.86	1.25	↗↗↘↗↘↘
	河南	0.76	0.61	0.87	0.86	0.96	1.23	1.33	0.95	↘↗↘↗↗↗
	湖北	1.19	1.24	1.32	1.50	1.72	2.10	1.85	1.56	↗↗↗↗↗↘
	湖南	1.63	1.54	1.24	1.22	1.30	1.43	1.18	1.36	↘↘↘↗↗↘
西部9省区	内蒙古	1.47	2.66	3.22	2.17	1.35	1.90	2.20	2.14	↗↗↘↘↗↗
	广西	3.13	2.57	1.13	1.21	1.97	1.95	1.75	1.96	↘↘↗↗↘↘
	重庆	0.84	0.87	1.08	0.87	1.72	0.89	0.77	1.00	↗↗↘↗↘↘
	四川	1.52	1.20	1.18	1.15	1.19	1.61	1.21	1.29	↘↘↘↗↗↘
	贵州	1.00	1.26	2.25	1.27	2.31	2.53	2.88	1.93	↗↗↘↗↗↗
	云南	0.89	0.63	0.77	0.68	0.80	1.83	1.83	1.06	↘↗↘↗↗-

续表

区域		2007年	2008年	2009年	2010年	2011年	2012年	2013年	均值	区间强↗弱↘
西部9省区	陕西	1.94	1.80	2.33	1.97	2.26	2.48	2.77	2.22	↘↗↘↗↗↗
	甘肃	2.12	4.42	4.67	5.27	3.18	3.88	4.05	3.94	↗↗↗↘↘↗
	新疆	0.14	0.62	0.23	0.16	1.23	0.99	1.33	0.67	↗↘↘↗↘↗
每年指数均值		1.14	1.11	0.98	0.97	1.27	1.36	1.27	1.18	↘↘↘↗↗↘

随着"十二五"期间国家高新区数量的逐年递增，每年28个省域国家高新区集散效应指数均值，也呈现出先降后升的特点，仅2009年和2010年低于1，2012年达到区间最高值1.26。从集散效应指数区间强弱变化看，辽宁和湖北2008~2012年集散指数持续上升，仅2013年呈现下降。国家高新区对东北老工业基地产业增长发挥了重要作用，集散效应指数都高于1，辽宁和吉林集散指数基本都高于2，吉林2012年超过5，是28个省域各年指数的最高值。上海、江苏、浙江、福建、广东、安徽6个省域的集散效应指数在2007~2013年均低于1，反映出东部地区国家高新区与高新技术产业并未发挥较高的产区融合效应，相对国家高新区市域内集中布局，高新技术产业东部空间布局更为分散。

4.2.3　集聚扩散维度 U 型转换

为了全面考察国家高新区集聚和扩散维度转换方式，基于2007~2013年度国家高新区与高新技术产业的面板数据，运用Stata12.0软件对计量公式（4-3）进行回归检测，每项指标值用第 t 年第 i 个省域该项指标原始数据占同期全国该项指标总量数据的比值代替。对面板数据计量模型，一般选择固定效应（FE）模型估计法或随机效应（RE）模型估计法来进行回归。软件运行结果显示，对每项指标，固定效应更适用于国家高新区集散效应维度测度。考虑面板数据覆盖区间仅7年，可能呈现的N型特征并不显著，因此 HZ_{it}^3 的系数 α_3 取零，只加入平方项。计量公式（4-3）的拟合结果如表4-4所示：

表4-4　国家高新区集聚与扩散维度回归结果的U型转换

维度	国家高新区的规模集聚					国家高新区的创新扩散		
变量	总收入	工业总产值	净利润	年末从业人员	出口创汇	R&D经费	技术收入	科技活动人员
HZ_{it}	-0.4483*** (-5.12)	-0.1896** (1.23)	-0.6103*** (7.16)	-0.5235*** (4.11)	-0.3712*** (4.13)	-0.4025*** (5.32)	-0.4918*** (6.66)	-0.3099*** (3.56)
HZ_{it}^2	0.1803** (1.84)	0.0819** (1.64)	0.0828** (1.47)	0.1350** (1.47)	0.4548*** (2.63)	0.2458** (1.93)	0.4147** (1.20)	0.2499** (1.47)
NE_{it}	-0.1281*** (2.56)	-0.0343** (-1.11)	-0.2151*** (-2.51)	-0.2625*** (-3.00)	0.1043** (1.84)	0.0364** (1.32)	-0.1031** (-1.96)	-0.1085** (-1.28)
CONS 常数项	-0.0482*** (11.25)	0.0276*** (4.87)	0.0193*** (6.29)	0.0231*** (7.07)	0.0176*** (4.08)	0.0183*** (5.67)	0.0126*** (4.36)	0.0259*** (10.86)
Within-R^2	0.4107	0.4028	0.4606	0.4666	0.4421	0.4955	0.4171	0.4763
χ^2	36.26	37.56	58.08	42.97	40.85	43.02	42.10	57.46
对称轴	1.24	1.16	3.68	1.93	0.41	0.82	0.59	0.62

注：括号内的数值为各指标估计系数的t统计值，*、**、***分别表示在1%、5%、10%的统计水平下显著，模型均为固定效应（FE）。

从表4-4中可以看出，规模集聚维度的4项指标与创新扩散的4项指标，平方项系数 $\alpha_2 > 0$，且一次项系数 α_1 不为零，维度转换均呈现出 U 型结构特征。在各项指标的 β 系数中，仅出口创汇和 R&D 经费两项指标 $\beta > 0$，表明国家高新区创新效应对高新技术产业产生了积极促进作用。8项指标的 U 型结构转换，表明国家高新区在金融危机前，对高新技术产业的推动和融合效应并不显著，而金融危机后相对高新技术产业的低谷，国家高新区对高新技术企业的集散效应逐步增强。规模集聚维度的4项指标 U 型拐点都大于1%，净利润指标拐点达到3.68%，反映出净利润作为效益型指标，是国家高新区集聚效应提升的瓶颈。而创新扩散的4项指标 U 型拐点都低于1%，表明各省域国家高新区该项指标超过拐点值后，即可形成扩散效应主导。相比集聚维度，国家高新区创新扩散维度拐点值较低，更易实现创新效应的区域溢出。

4.2.4 集散效应区域差异

为了全面考察国家高新区集散效应的区域差异，按照2005年国家统计局四大经济区域划分方法，从东部、中部、东北、西部四大板块衡量国家高新区2007~2013年集散效应的区域差异。按四大板块划分方法，每一个板块每一年的国家高新区集散效应强弱指数为该板块各省域指数的平均值，四大板块国家高新区集散效应动态演进趋势如图4-4所示。经济欠发达的西部8个省域，国家高新区在"十二五"期间呈现扩散效应主导趋势，集散效应指数区间变化呈现 N 型特征。中部和东部国家高新区集散效应指数动态变化，呈现较为平缓的 U 型特征，东部国家高新区集散效应拐点比中部提前一年，国家高新区逐步和东中部高新技术产业形成良性互动发展局面。东北国家高新区的集聚与扩散效应区间变化最为明显，呈现近似倒 V 型特征，国家高新区对东北老工业基地传统制造业的转型升级具有较强扩散效应，但强度已由金融危机后逐年上升转为适度减弱，集散指数高于全国。

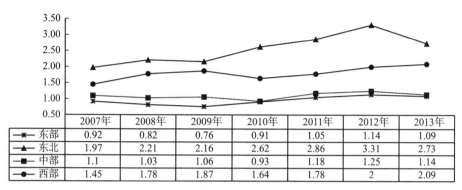

	2007年	2008年	2009年	2010年	2011年	2012年	2013年
—✳— 东部	0.92	0.82	0.76	0.91	1.05	1.14	1.09
—▲— 东北	1.97	2.21	2.16	2.62	2.86	3.31	2.73
—■— 中部	1.1	1.03	1.06	0.93	1.18	1.25	1.14
—●— 西部	1.45	1.78	1.87	1.64	1.78	2	2.09

图 4 - 4　四大板块国家高新区集散效应强弱指数的区间变化

经济新常态催生了国家高新区的高速发展和数量局部扩张，相比京津渝和琼贵青各拥有 1 个国家高新区，其余省域国家高新区数量不断增加，对区域经济稳定和持续发展形成重要载体支撑。在这个背景下，结合战略性新兴产业的国家定位，以国家高新区与高新技术产业的产区融合发展作为目标，运用计量模型和面板数据，从规模集聚和创新扩散两个维度，构建国家高新区集散效应模型和强弱指数。选取国家高新区和高新技术企业 2007～2013 年省级面板数据为依据，构建国家高新区集散效应测度模型，分析金融危机前后，国家高新区集聚与扩散效应的转换过程。计量模型回归结果显示，国家高新区增长与高新技术产业增长具有较强关联性。国家高新区对区域高新技术产业的集散效应均转换呈现 U 型特征。同时 U 型转换拐点，创新扩散维度普遍低于规模集聚维度。从主成分方法测度的国家高新区集散效应指数来看，金融危机后国家高新区对高新技术产业的集散效应逐年增强，对区域经济引领作用也逐步提升。国家高新区集散效应的区域差异，体现在国家高新区集散效应指数沿东部—中部—西部—东北逐渐增强，而东部较早形成国家高新区创新扩散效应主导。东部高新技术产业较为分散的空间布局，促使东部国家高新区与高新技术产业并未形成较好的耦合性。

将国家高新区按照 28 个省域空间范围分类比较，使研究能够动态反映金融危机后各省域每年新增国家高新区的区域贡献，克服新增高新区数量变化引起的面板数据不连贯性和不可比性，也避免了以往仅研究 54 个国家高新区的区域局限性和空间单一性。金融危机后国家高新区总量由 54 个增加到 145 个，对区域经济支撑作用不断增强的趋势下，为了更好地发挥国家高新区区域协同效应，弱化国家高新区各自布局的空间阻隔，促进与省域内高新技术产业的产区融合，建议从以下 3 个方面着手：①考虑创新扩散维度比规模集聚维度有较低的 U 型拐点，相比东部国家高新区的规模集聚优势，中西部国家高新区应更注重培育和强化内在创新优势，借助创新优势实现弯道超车。②相对高新技术产业区域规模，国家高新区已形成空间集聚优势，而创新优势由高新技术产业向国家高新区的迁移内化，需要国家高新区的差异定位、错位发展、特色集聚。③结合科技部三类园区的分类指导建设意见，各省域应积极推动高新技术产业与国家高新区的融合发展，形成产区协同优势，弱化高新技术产业分散布局，引向国家高新区集聚。

4.3 ▶ 科技园区溢出效应

随着国家高新区扩张步伐加快，高新技术企业主体作用不断强化，但国家高新区对高新技术企业的带动能力并未同步上升。以高新技术企业数量变化为例，所有国家高新区的企业总量中高新技术企业数量和占比，由 2003 年 22 238 家占比为 67.7%，下降到 2013 年 21 795 家占比仅为 30.6%。作为区域经济发展的创新极、技术极、增长极，高新区经济增长影响了其所在区域经济的增长，高新区对区域创新资源的溢出效应受到关注。

泰恩（2006）提出高新区地理有界化概念，指出高新区在成果转化、企业集聚、区域拉动等方面对区域经济有突出作用。蒙托罗（2011）从创新和协作视角对比分析园区内外部企业知识溢出的效果差异，调查数据

显示园区内企业的知识溢出强度远高于园区外企业。王松和胡树华
（2012）利用 ER 和 TW 极化指数，测量了高新区的不均衡程度和变化趋势。
谢子远（2014）从要素集聚、人才集聚、创新集聚、生产力促进效应 4 个
维度，运用配对样本均值 t 检验，基于 2007～2010 年的统计数据对国家高
新区集聚效应进行了实证研究。对于国家高新区与所在区域的融合程度，王
霞等（王霞、王岩红、苏林、郭兵、王少伟，2014）基于高新区产城融合
的互动机制与影响因素，引入产城融合分离系数，通过因子分析建立高新区
产城融合度评价体系。姜彩楼等（姜彩楼、曹杰、刘维树，2014）采用随
机前沿方法研究 52 个国家级高新区 1997～2012 年的效率变动及影响因素，
发现母城科技支出未对高新区生产效率产生促进作用，国际分工等变量促进
了高新区生产效率的改善，东部高新区效率整体上优于中西部高新区。

综上所述，国家高新区作为科技与经济紧密结合的空间区域，已形成
既体现经济规模聚集优势，又体现创新能力聚集优势的工业区和科技园两
元互动的发展格局（王胜光、程郁，2013）。按照高新区高新技术产业导
向，资本密集型产业和研发密集型产业共存的发展形态，鲜有学者从高新
技术产业角度分析高新区溢出效应。基于此，选取 28 个省域（青海、宁
夏、西藏除外）高新技术企业作为参照样本，各省域国家高新区作为研究
对象，借鉴效率提高、要素配置、技术进步 3 方面的经济增长动力划分方
法（吕冰洋、于永达，2008），从效益提升、社会贡献、创新驱动 3 个维
度各组成要素的相对重要性角度出发，选取金融危机前后国家高新区数量
快速扩张的 2007～2013 年各项数据，运用凯尼尔斯空间溢出模型，测量
不同省域范围的国家高新区相对高新技术企业的溢出效应，探讨国家高新
区增长能力的空间变化趋势。

4.3.1　溢出效应指标体系构建

（1）国家高新区溢出效应测量方法

国家高新区相对于高新技术企业的溢出效应，会随着国家高新区扩散

效应的增强而增强，随着国家高新区极化效应的增强而减弱。溢出效应为正值时，表明相对区域内高新技术企业发展规模，国家高新区对高新技术企业的扩散效应强于极化效应；溢出效应为负值时，表明相对区域内高新技术企业总量，国家高新区对高新技术企业的极化效应强于扩散效应。高新区所在城市经济强弱在一定程度上体现了高新区辐射扩散能力强弱。高新区辐射能力越强，周边区域经济与高新区经济联系也越紧密，同时更能强化高新区扩散效应，促进高新区与区域经济的协调发展。高新区所在城市经济越强，越能为高新区创新活动提供多种支持性资源，有助于高新区持续快速发展。不同区域高新技术产业强弱差异也间接反映高新区溢出效应的空间不均衡性。凯尼尔斯（2000）通过对弗森伯格（Verspagen，1991）空间知识溢出模型进行修正，得到区域 i 对区域 j 的知识溢出效应，H_{ij} 为两区域间知识资源的存量差距，d_{ij} 表示区域 i 相对区域 j 的增长能力。为了更好地反映国家高新区溢出效应强弱，采用凯尼尔斯模型，H_{ij} 表示第 t 年省域内国家高新区某项指标值 k_i 与同期省域内高新技术企业同项指标值 k_j 的比值再取对数，如公式（4-4）所示：

$$S_{ij} = H_{ij} \cdot e^{-H_{ij}/d_{ij}}, \text{ 其中 } H_{ij} = \ln \left(\frac{k_i}{k_j} \right), \ d_{ij} = \frac{k_i}{k_j} \qquad (4-4)$$

（2）比较对象与指标选择

为方便比较金融危机前后高新区集聚优势，纵向比较始点选择从2007年开始。为能更全面地反映各省域国家高新区相对高新技术企业的溢出效应强弱，采用中国火炬中心关于国家高新区和全国高新技术企业2007～2013年的分类统计数据，以经济带动、社会贡献、创新驱动作为指标选取的维度导向，共选取高新区和高新技术企业都有的10项指标，比较28个省域2007～2013年金融危机前后国家高新区溢出效应变化趋势，指标体系如表4-5所示。

表 4 – 5   国家高新区溢出效应评价指标体系

一级指标	二级指标	三级指标	单位
溢出效应能力指数	1. 创新驱动	（1）R&D 经费 （2）技术收入 （3）科技活动人员	千元 千元 人
	2. 效益提升	（1）总收入 （2）工业总产值 （3）净利润	千元 千元 千元
	3. 社会贡献	（1）上缴税费 （2）出口创汇 （3）年末从业人员 （4）园区企业数量	千元 千美元 人 个

4.3.2　溢出效应"M"型特征

作为区域经济的引导力量，国家高新区溢出效应是区域经济要素、创新活动相关性与结构性产生的重要机制。国家高新区溢出效应强化了对区域经济发展的主导作用，同时高新区溢出范围体现了高新区创新能力对区域经济的辐射范围。高新区溢出效应与高新技术产业相互作用，以空间溢出形式推动区域创新能力提升。国家高新区溢出效应与高新技术产业溢出效应具有较强空间相关性，金融危机后国家高新区城市分布更加离散化，省域间差距也更为明显，但省域内分布数量差距显著，最多的江苏省拥有10 家。运用凯尼尔斯空间溢出模型，选取 10 项共有指标构建国家高新区溢出效应强弱指数。28 个省域内国家高新区相对高新技术企业 2007 ~ 2013 年的总体溢出效应变化趋势，如表 4 - 6 所示。

表 4 - 6　国家高新区相对高新技术企业的省域内溢出效应变化趋势

省域	2007 年	2008 年	2009 年	2010 年	2011 年	2012 年	2013 年	溢出均值
数量	54	54	56	83	88	105	114	
北京	0.12	0.19	0.46	0.04	0.10	0.08	0.16	0.16
天津	0.01	- 0.05	- 2.11	- 0.62	- 0.21	0.02	- 0.05	- 0.43
河北	0.03	- 0.46	- 1.28	- 0.47	- 0.27	0.03	- 0.36	- 0.40
山西	0.01	- 1.28	- 2.06	- 0.36	- 0.00	0.01	- 1.17	- 0.69
内蒙古	0.76	0.08	2.29	2.20	- 0.57	0.56	0.06	0.77
辽宁	0.17	0.00	1.71	0.34	0.07	0.16	0.00	0.35
吉林	2.31	0.27	1.80	- 0.05	0.19	2.20	0.26	1.00
黑龙江	0.41	0.23	- 0.99	- 0.14	0.22	0.35	0.23	0.04
上海	- 0.52	- 0.15	- 2.95	- 0.00	- 0.01	- 0.46	- 0.12	- 0.60
江苏	- 0.03	0.00	- 2.28	0.08	- 0.04	- 0.03	0.00	- 0.33
浙江	- 2.57	- 0.34	- 1.57	- 0.01	- 0.00	- 0.74	- 0.30	- 0.79
安徽	0.52	0.25	- 1.47	- 0.10	- 1.03	0.50	0.23	- 0.16
福建	- 1.01	- 0.23	- 2.49	- 0.01	- 0.27	- 0.86	- 0.21	- 0.73
江西	- 0.82	- 1.90	0.93	- 3.30	0.12	- 0.79	- 1.69	- 1.06
山东	- 0.00	0.49	- 1.70	- 0.43	- 0.43	0.00	0.46	- 0.23
河南	- 0.68	0.25	- 1.87	- 0.59	- 0.07	- 0.49	0.19	- 0.47
湖北	0.61	0.13	0.55	- 0.31	0.79	0.49	0.12	0.34
湖南	0.21	- 0.20	0.25	- 0.26	- 0.56	0.16	- 0.17	- 0.08
广东	- 0.23	0.00	- 1.78	- 0.41	- 0.22	- 0.19	0.00	- 0.40
广西	0.13	0.03	- 0.60	0.97	1.00	0.11	0.02	0.24
海南	0.33	- 2.18	0.60	- 2.98	- 1.37	0.22	- 2.03	- 1.06
重庆	- 1.08	- 0.04	- 0.53	- 0.95	1.71	- 0.94	- 0.03	- 0.27
四川	0.04	0.04	- 0.04	- 0.66	0.20	0.04	0.03	- 0.05
贵州	0.18	0.34	1.68	- 0.50	1.44	0.12	0.30	0.51
云南	1.73	- 0.22	- 1.58	- 0.88	- 0.05	1.19	- 0.21	0.00
陕西	0.17	0.12	2.75	0.75	0.31	0.11	0.11	0.62
甘肃	- 0.09	0.28	0.37	- 0.36	1.31	- 0.06	0.25	0.24
新疆	- 0.61	0.08	0.00	- 1.98	0.51	- 0.51	0.04	- 0.35

　　金融危机后的 2009 年，全国高新技术企业数量急剧下降，而国家高新区溢出效应显著增强，发挥了对区域经济的稳定和支撑作用。江西、湖南、海南国家高新区的溢出效应由 2008 年负值变为 2009 年正值，国家高新区扩散效应显著增强。2010 年国家高新区溢出效应仅在广西增强，主要因为新升级的 27 个国家高新区并未单独统计数据。2011～2013 年国家高新区数量的快速增加，推动了国家高新区扩散范围的增大，溢出效应增强，但增强程度有所减弱，2013 年国家高新区溢出效应增强的省域达到 10 个，主要集中在中西部区域。

　　将各省域国家高新区溢出效应每年差异程度转换为百分比形式，有助于直观反映溢出效应的变化趋势，如图 4－5 所示。可以看出，2007～2013 年国家高新区溢出效应差异程度总体呈现先升后降的 M 型波动趋势，各省域差异程度百分比围绕 0 值上下波动，江苏、浙江、广东 3 省标准差超过 0.3。2009 年北京、辽宁、内蒙古国家高新区溢出效应增幅同比超过 31%。大多数省域溢出效应强弱变化近似对称分布相比。2007～2013 年溢出效应始终为正值的北京、辽宁变化程度也有较大差别，溢出效应呈现反向变化趋势，北京、辽宁的地理邻近优势并未对国家高新区邻近省域溢出效应有显著影响。

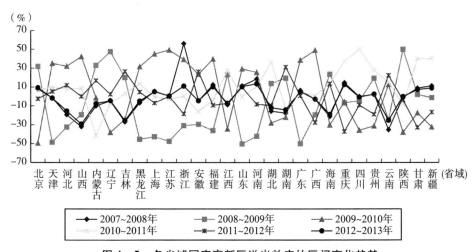

图 4－5　各省域国家高新区溢出效应的区间变化趋势

4.3.3 四大板块溢出效应演进趋势

为了全面考察国家高新区溢出效应的区域差异，按照 2005 年国家统计局四大经济区域划分方法，从东部、中部、东北、西部四大板块衡量国家高新区 2007～2013 年总体溢出效应及效益提升、社会贡献、创新驱动 3 个维度特征。经济欠发达的西部 11 个省，国家高新区三维度强弱转换与总体效应变化趋势较为一致，呈现同步转换特征。东北 3 省国家高新区 2013 年总体溢出效应减弱，但创新驱动维度扩散效应比金融危机后显著增强。相比东北区域国家高新区三维度非同步变化，中部 6 省国家高新区三维度与总体效应变化趋势基本一致，相比社会贡献溢出效应的增强，创新驱动溢出效应明显减弱。东部 10 省 7 年间国家高新区经济带动维度呈现波动变化特征，创新驱动扩散效应由强转弱，极化效应增强。

内陆地区和北方地区的国家高新区溢出效应纵向变化趋势，都呈现出和西部板块类似的周期转换特征，"十二五" 开始，创新驱动维度波动幅度加大。由此可见，国家高新区在沿海、南方、东部等经济较发达区域创新驱动溢出效应减弱，与其他维度相比转换不同步，波动间隔较长；而在内陆、北方、西部等经济欠发达区域，经济带动、社会贡献、创新驱动 3 个维度强弱转换较为同步，波动间隔较短，创新驱动溢出效应增强。各区域板块的总体溢出效应波动特征与社会贡献维度波动特征较类似，与创新驱动维度波动特征差别最大。

以国家高新区和高新技术企业 7 年间 10 项指标数据为依据，运用凯尼尔斯空间溢出模型，选取效益提升、社会贡献、创新驱动 3 个维度，测算国家高新区溢出能力强弱的区域差异。结果表明，国家高新区金融危机前后省域溢出强弱周期波动，2009 年后溢出效应增强。从内陆到沿海，从北方到南方，从西部到中部、东北、东部国家高新区溢出效应递增，创新驱动维度溢出效应明显高于效益提升维度。国家高新区在经济较发达区域创新驱动溢出效应由强转弱，在经济欠发达区域 3 个维度强弱转换较为同步。7 年间国家高新区溢出效应呈现周期波动特征，比高新技术产业更具有扩散优势。从区域板块差异看，国家高新区溢出效应的各维度强弱变化趋势，在经济较发达区域波动差异较大，而经济欠发达区域波动较为一致。创新驱动维度溢出效应在不同区域的波动差异，最终影响了各区域国家高新区总体溢出效应波动差异。

　　将国家高新区按照省域空间范围分类比较，使研究能够动态反映金融危机后每年新增国家高新区的空间特征及省域差异，克服新增高新区数量变化引起的数据不连贯性，也避免了以往研究 56 个国家高新区的局限性。金融危机后国家高新区数量逐年增加，对区域经济支撑作用不断增强的趋势下，为了更好地统筹区域间及省域内国家高新区的同步发展，建议从以下 3 个方面着手：（1）通过国家高新区与高新技术产业的空间相关性，划分国家高新区的溢出效应类型，提高与高新技术产业的协同效应，推动两者协同集聚增长。（2）结合国家高新区科技与产业并重的二元结构特点，利用国家高新区区域创新能力的极化效应及空间布局特征，弱化国家高新区对高新技术产业的集聚差异。（3）国家高新区区域空间布局应兼顾区域经济实力与发展潜力，提升国家高新区创新驱动对区域经济的贡献度。不足之处在于仅仅考察了省域空间溢出效应，并未考察省域间空间差异的环境影响因素，以及省域空间相关性引致的趋同效应，将在后续研究中要进行拓展研究。

4.4 ▶ 科技园区对高新技术产业的溢出效应

　　国家高新区已逐步成为高新技术企业的重要载体。2013 年 114 个国家高新区企业总量的 30.6% 是高新技术企业，达到 21 795 家，占全国高新技术企业总量的 40%。国家高新区对全国高新技术产业发展起到了有力支撑。国家高新区集聚、辐射能力，直接影响了区域制造业转型方式和路径。国家高新区服务于高新技术产业发展，但同时又受到城市经济活动要求集约使用土地空间的限制。单纯规模化导向的国家高新区发展路径，最终会因要素集约化限制而难以持续，而单纯要素集约化发展导向也会因强调效率优先而弱化规模增长。因此国家高新区需要依靠生产要素优化组合和效率提升而实现规模增长。规模化凸显的国家高新区发展差距内在原因还是要素集约化失衡所导致。国内外学者更多注重高新区对区内企业创新推动和区域经济带动能力，鲜有学者从省域角度分析国家高新区与高新技术产业的相互关系。因此，为能进一步探究国家高新区对高新技术产业的溢出效应，以及两者的协同效应，通过选取 30 个省域作为研究对象，从国家高新区与高新技术产业各组成要素的相对重要性角度出发，构建增长能力导向的溢出效应指标体系，测算国家高新区的省域溢出效应及协同增长效应，最后通过国家高新区的集聚关联模式分类，以期为政府部门制定相关政策措施和高新区结构转型提供理论依据。

4.4.1　研究方法与指标体系构建

（1）增长能力导向的溢出效应测量方法

高新技术产业是经济增长的重要源泉，国家高新区是高新技术产业的支撑。国家高新区对高新技术产业的推动作用，是国家高新区溢出效应的集中体现。国内外学者选择区位商、回归分析、投入产出等方法测量区域溢出效应。弗森伯格（1991）认为创新溢出的扩散源具有外生特性，并假设两区域间创新存量差距等价于区域间创新存量比值后取对数，以保证区域间创新存量差距为零时，两区域间创新存量水平相等。为能更全面反映各省域高新区对高新技术产业的溢出能力，选取弗森伯格溢出模型和协同度模型，测度国家高新区的省域溢出效应和协同效应，如公式（4-5）所示：

$$E_{ij} = w_{ij}\ln\frac{H_i}{H_j},\ \text{其中}\ w_{ij} = \frac{\sum\limits_{k} a_{ki}a_{kj}}{\sqrt{\sum\limits_{k} a_{ki}^2 \sum\limits_{k} a_{kj}^2}},\ H_i = \sum_{k=1}^{m} u_{ki}a_{ki},\ H_j = \sum_{k=1}^{n} v_{kj}a_{kj}$$

$$(4-5)$$

H_i 和 H_j 分别为省域内国家高新区与高新技术产业增长能力，各包括 m 项指标和 n 项指标。w_{ij} 为高新技术产业对高新区的潜在吸收能力，采用潘文卿等（潘文卿、李子奈、刘强，2011）提出的方法，以两者结构相似系数作为 w_{ij} 值。a_{ki} 和 a_{kj} 分别表示省域内国家高新区和高新技术产业增长结构中的第 k 个指标标准化值，u_{ki} 和 u_{kj} 分别对应指标 a_{ki} 和 a_{kj} 的权重。区域内国家高新区与高新技术产业各维度相似度越高，w_{ij} 值就越接近于 1，国家高新区溢出能力越强。

与高新技术产业增长能力相比，国家高新区在抵御金融危机中的稳定作用，加速了国家高新区的二次扩张，也加快了国家高新区与高新技术产业的协同发展。国家高新区与高新技术产业的区域协同效应，更有助于发挥国家高新区溢出效应。运用协同效应（郭江江、戚魏、缪亚军，2012）测算方法，C 为协同度（$0 \leqslant C \leqslant 1$），反映了国家高新区与高新技术产业的省域协同效应，n 为调节系数（$n \geqslant 2$）。协同效应越接近于 1，说明国家高新区与高新技术产业的协同作用越强；反之，协同性越弱。C 值仅反映了比较对象的协同程度，并不能反映出比较对象所处的发展水平。因此在此基础上将 C 值与国家高新区、高新技术产业的增长能力进行综合，进一步表明两者协同增长强度，用 C_D 表示协同增长效应，α 和 β 均为待定系数，且满足 $\alpha + \beta = 1$。则国家高新区与高新技术产业区域协同效应、协同增长效应，如公式（4-6）所示：

$$C = \left\{\frac{H_i H_j}{\left[\frac{(H_i + H_j)}{2}\right]^2}\right\}^n,\ C_D = \sqrt{C(\alpha H_i + \beta H_j)} \qquad (4-6)$$

（2）溢出效应指标体系构建及主成分分析

国家高新区生产总值占全国比重，从 2003 年的 4% 增长到 2013 年的

11.1%，但园区内高新技术企业数量及占全国比重，从2003年22 238家占比为67.7%，下降到2013年21 795家占比为30.6%，生产总值与高新技术企业数量呈现反向变化趋势。国家高新区生产总值单一指标，不能全面反映高新区创新驱动、效益提升、社会贡献的维度差异，以及区域经济增长过程中与高新技术企业的协同程度，难以为国家高新区结构转型提供具体依据。为能更全面反映国家高新区对区域高新技术产业的溢出效应，从创新驱动、效益提升、社会贡献3个维度，选取国家高新区与高新技术产业共有的9项指标，比较30个省域2007～2013年金融危机前后国家高新区溢出效应变化趋势，指标体系如表4－7所示。

表4－7　　　　　　　国家高新区区域溢出效应评价指标体系

一级指标	二级指标	三级指标	单位
溢出效应能力指数	1. 创新驱动	（1）R&D经费 （2）技术收入 （3）科技活动人员	千元 千元 人
	2. 效益提升	（1）总收入 （2）工业总产值 （3）净利润	千元 千元 千元
	3. 社会贡献	（1）上缴税费 （2）出口创汇 （3）年末从业人员	千元 千美元 人

可以看出9项指标中没有一个可以单独全面衡量国家高新区增长能力强弱的指标。为客观体现溢出效应的结构性差异，综合考虑选择客观赋权的主成分分析法，利用SPSS21.0软件进行主成分分析计算，过程如表4－8所示，通过提取主成分，测算国家高新区与高新技术产业整体增长能力指数 H_i 和 H_j。

表 4 - 8　　　　2007 ~ 2013 年国家高新区与高新技术产业同指标的主成分分析

省域层面	主成分及系数	第一主成分贡献率	KMO统计量	总收入系数	工业总产值系数	净利润系数	上缴税费系数	出口创汇系数	年末从业人员系数	R&D经费系数	技术收入系数	科技活动人员系数
国家高新区	2007 年	84.16	0.815	0.128	0.131	0.114	0.130	0.125	0.102	0.106	0.122	0.128
	2008 年	84.76	0.824	0.128	0.130	0.111	0.129	0.125	0.102	0.104	0.124	0.129
	2009 年	85.55	0.814	0.126	0.130	0.109	0.126	0.125	0.104	0.104	0.127	0.127
	2010 年	85.55	0.814	0.127	0.129	0.112	0.125	0.123	0.105	0.103	0.126	0.127
	2011 年	83.78	0.833	0.131	0.132	0.115	0.128	0.121	0.106	0.103	0.128	0.125
	2012 年	84.29	0.845	0.130	0.130	0.112	0.128	0.116	0.104	0.109	0.129	0.127
	2013 年	85.34	0.802	0.128	0.129	0.111	0.127	0.116	0.105	0.109	0.128	0.126
高新技术产业	2007 年	85.96	0.754	0.124	0.128	0.124	0.124	0.126	0.121	0.061	0.127	0.122
	2008 年	85.28	0.780	0.127	0.129	0.123	0.128	0.120	0.120	0.065	0.129	0.128
	2009 年	83.99	0.776	0.129	0.131	0.107	0.131	0.131	0.123	0.069	0.129	0.128
	2010 年	86.73	0.809	0.126	0.128	0.123	0.127	0.127	0.123	0.053	0.127	0.121
	2011 年	88.06	0.788	0.125	0.125	0.121	0.124	0.125	0.118	0.063	0.125	0.125
	2012 年	82.24	0.717	0.134	0.133	0.081	0.134	0.134	0.125	0.073	0.134	0.134
	2013 年	89.26	0.867	0.124	0.124	0.120	0.123	0.123	0.117	0.071	0.124	0.123

　　软件运行结果显示，增长能力数据结构通过了 KMO 统计量和 Bartlett 的球形度检验。9 项指标数据均来自中国火炬统计年鉴。从表 4 - 8 可以看出，国家高新区与高新技术产业各指标增长能力的第一主成分贡献率都超过 82%，能够较全面地反映省域层面增长能力的 9 项指标信息，同时能够较好地反映高新区与高新技术产业的内在结构差异，进而反映省域层面增长能力差异。第一主成分各指标系数中的最低值，反映出各省域当年在该项指标的结构差异变化，与其他 8 项指标的结构差异程度明显不同。高新技术产业 2007 ~ 2013 年省域层面各指标中，增长差异变化趋势显著不同的是 R&D 经费投入。与高新技术产业类似，国家高新区 R&D 经费投入省域差异与其他指标省域差异特征并不一致，但与年末从业人员省域差

异较为类似，可以看出国家高新区对资金及人员的需求，与产出效益变化并不同步。

4.4.2 溢出效应的"V"型特征

金融危机后国家高新区的城市分布更加离散化，省域间差距也更为明显，但省域内分布相对集中。金融危机后国家高新技术企业统计数量急剧下降，由2008年51 476家减少到2009年的25 386家，降幅超过50%。相比高新技术产业的大幅波动，国家高新区2007~2009年园区生产总值占全国比重都保持在7%，为金融危机后的经济稳定发挥关键作用。2010年新升级的27个国家高新区，将生产总值比重升至8%，新增国家高新区溢出效应强化了对区域经济发展的主导作用。运用弗森伯格空间溢出模型和主成分方法进行国家高新区溢出效应测算时，需要对原始数据进行一定的预处理，主要包括数据的同趋势化和标准化。溢出效应9项指标均为正向型指标，不需要进行同趋势化转换。但需要进行数据的标准化处理，以消除不同数据间的量纲不同和数量级的影响。正规化方法标准化数据，不能保证标准化后数据的非负性，无法满足溢出效应的对数非负要求，因此采用规范化方法进行标准化：$x_i' = (x_i - x_{min})/(x_{max} - x_{min})$，得到标准化数据。以表4-8中9项指标的第一主成分系数作为指标权重，测算2007~2013年国家高新区省域溢出效应，如表4-9所示。

表4-9　　　国家高新区相对高新技术企业的省域内溢出效应变化趋势

经济区域		2007年	2008年	2009年	2010年	2011年	2012年	2013年	溢出均值
		54	54	56	56 + 27	88	105	114	
东部10省市	北京	0.53	0.40	0.49	0.65	0.55	0.52	0.58	0.53
	天津	0.34	0.16	-0.31	0.13	0.16	0.23	0.15	0.12
	河北	0.17	0.06	-0.03	-0.07	0.15	0.07	-0.23	0.02
	上海	-0.19	-0.27	-0.51	-0.33	-0.31	-0.20	-0.20	-0.29

续表

经济区域		2007 年	2008 年	2009 年	2010 年	2011 年	2012 年	2013 年	溢出均值
		54	54	56	56 + 27	88	105	114	
东部 10 省市	江苏	- 0. 35	- 0. 29	- 0. 27	- 0. 21	- 0. 27	- 0. 29	- 0. 31	- 0. 28
	浙江	- 0. 60	- 0. 48	- 0. 88	- 0. 70	- 0. 70	- 0. 72	- 0. 71	- 0. 68
	福建	- 0. 43	- 0. 34	- 0. 58	- 0. 44	- 0. 32	- 0. 13	- 0. 07	- 0. 33
	山东	- 0. 36	- 0. 30	- 0. 08	0. 00	0. 15	0. 05	- 0. 02	- 0. 08
	广东	- 0. 30	- 0. 26	- 0. 25	- 0. 21	- 0. 14	- 0. 10	- 0. 15	- 0. 20
	海南	- 0. 29	- 1. 67	- 0. 65	- 0. 51	0. 47	0. 78	0. 74	- 0. 16
东北 3 省	辽宁	0. 69	0. 97	0. 65	0. 76	0. 77	0. 83	0. 67	0. 76
	吉林	0. 90	0. 96	1. 10	1. 42	1. 45	1. 55	1. 39	1. 25
	黑龙江	0. 15	0. 15	0. 00	0. 27	0. 55	0. 66	0. 69	0. 35
中部 6 省	山西	0. 10	- 0. 07	- 0. 29	- 0. 41	- 0. 37	- 0. 23	- 0. 37	- 0. 23
	安徽	- 0. 44	- 0. 66	- 0. 54	- 0. 55	- 0. 26	- 0. 09	- 0. 07	- 0. 37
	江西	0. 25	0. 29	0. 46	- 0. 17	0. 47	0. 07	- 0. 12	0. 18
	河南	- 0. 26	- 0. 42	- 0. 13	- 0. 15	- 0. 04	0. 19	0. 28	- 0. 08
	湖北	0. 17	0. 21	0. 26	0. 40	0. 52	0. 69	0. 61	0. 41
	湖南	0. 48	0. 42	0. 20	0. 20	0. 26	0. 32	0. 16	0. 29
西部 12 省区（西藏除外）	内蒙古	0. 34	0. 83	1. 00	0. 73	0. 29	0. 59	0. 76	0. 65
	广西	1. 02	0. 85	0. 10	0. 17	0. 64	0. 59	0. 53	0. 56
	重庆	- 0. 16	- 0. 11	0. 06	- 0. 13	0. 39	- 0. 10	- 0. 25	- 0. 04
	四川	0. 40	0. 18	0. 15	0. 14	0. 16	0. 44	0. 19	0. 24
	贵州	0. 00	0. 20	0. 71	0. 19	0. 81	0. 86	1. 04	0. 54
	云南	- 0. 11	- 0. 43	- 0. 25	- 0. 38	- 0. 22	0. 48	0. 44	- 0. 07
	陕西	0. 64	0. 57	0. 83	0. 66	0. 80	0. 85	1. 01	0. 77
	甘肃	0. 57	1. 21	1. 36	1. 33	1. 11	1. 19	1. 31	1. 15
	青海	—	—	—	—	—	- 0. 81	- 1. 76	- 1. 29
	宁夏	—	—	—	—	—	- 0. 28	0. 57	0. 15
	新疆	- 0. 36	- 0. 35	- 1. 36	- 1. 14	0. 14	- 0. 01	0. 21	- 0. 41
溢出效应正值		16	14	14	14	19	19	18	—
溢出效应增强		—	13	14	15	24	21	11	—

2008 年各省域国家高新区溢出效应，比 2007 年有所减弱，反映出国家高新区区域优势相对减弱，但湖北、江西、辽宁、吉林、内蒙古、贵州、甘肃 7 省有所增强。金融危机后的 2009 年，各省域国家高新区溢出效应显著增强，发挥了对区域经济的稳定和支撑作用。与重庆变化趋势相反，河北、天津溢出效应由 2008 年正值变为 2009 年负值，两地高新技术产业溢出优势更为明显。由于 2010 年新升级的 27 个国家高新区并未单独统计数据，表 4 – 9 中 2010 年划入各省域国家高新区总量仍为 56 家。2011～2013 年国家高新区数量的快速增加，推动了国家高新区扩散范围增大，中西部区域溢出效应增强，但增强程度有所减弱，2011 年国家高新区溢出效应增强的省域数量为 24 家，达到区间峰值。

按东部、东北、西部、中部的四大板块划分方法，每一个板块每一年的溢出效应指数为该板块各省域溢出效应的平均值，四大板块国家高新区溢出效应的演进趋势如图 4 – 6 所示。2007～2013 年四大板块国家高新区溢出效应呈现较为明显的"V"型特征，可以看出 2009 年东部和东北国家高新区溢出效应降至谷底，表明外向型经济主导的沿海地区最先受到金融危机影响。而中西部国家高新区溢出效应谷底出现在 2010 年，表明金融危机风险传导对内陆地区的延迟性。随着"十二五"时期国家高新区数量的不断增加，四大板块国家高新区溢出效应都呈现上升趋势，东北区域溢出优势更为显著，而东部和中部变化趋势较为接近。

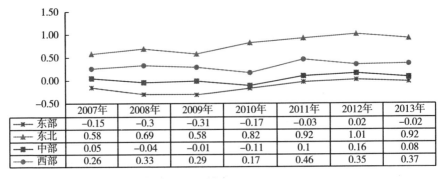

	2007年	2008年	2009年	2010年	2011年	2012年	2013年
东部	-0.15	-0.3	-0.31	-0.17	-0.03	0.02	-0.02
东北	0.58	0.69	0.58	0.82	0.92	1.01	0.92
中部	0.05	-0.04	-0.01	-0.11	0.1	0.16	0.08
西部	0.26	0.33	0.29	0.17	0.46	0.35	0.37

图 4 – 6　四大板块国家高新区溢出效应的演进趋势

4.4.3　协同增长效应两极分化

国家高新区和高新技术产业具有内部关联性，并与区域综合实力有一定的相关性。按照协同增长效应公式（4－6），得出国家高新区与高新技术产业的省域协同增长效应，如表4－10所示，协同增长效应模型中 $k=2$，$\alpha=\beta=0.5$。

表 4 – 10　　国家高新区与高新技术产业的协同增长效应变化趋势

C_D 值	2007 年	2008 年	2009 年	2010 年	2011 年	2012 年	2013 年	均值
北京	0.77	0.82	0.78	0.72	0.74	0.76	0.74	0.76
天津	0.16	0.20	0.23	0.21	0.20	0.22	0.21	0.20
河北	0.10	0.13	0.14	0.15	0.17	0.16	0.16	0.14
山西	0.08	0.10	0.10	0.10	0.09	0.07	0.07	0.09
内蒙古	0.06	0.05	0.04	0.06	0.08	0.06	0.06	0.06
辽宁	0.23	0.23	0.23	0.24	0.27	0.25	0.25	0.24
吉林	0.15	0.16	0.14	0.14	0.15	0.15	0.17	0.15
黑龙江	0.13	0.17	0.14	0.15	0.14	0.14	0.13	0.14
上海	0.38	0.42	0.51	0.51	0.47	0.50	0.51	0.47
江苏	0.80	0.76	0.75	0.69	0.77	0.76	0.77	0.76
浙江	0.33	0.33	0.40	0.38	0.39	0.42	0.40	0.38
安徽	0.16	0.19	0.17	0.18	0.22	0.24	0.25	0.20
福建	0.16	0.15	0.17	0.18	0.20	0.22	0.19	0.18
江西	0.07	0.07	0.06	0.07	0.11	0.12	0.13	0.09
山东	0.46	0.49	0.43	0.47	0.52	0.56	0.55	0.50
河南	0.18	0.22	0.19	0.18	0.20	0.23	0.25	0.21
湖北	0.21	0.24	0.25	0.27	0.32	0.33	0.36	0.28
湖南	0.12	0.14	0.21	0.21	0.23	0.23	0.24	0.20
广东	0.81	0.87	0.85	0.90	0.93	0.92	0.93	0.89

续表

C_D 值	2007 年	2008 年	2009 年	2010 年	2011 年	2012 年	2013 年	均值
广西	0.06	0.07	0.09	0.09	0.12	0.12	0.12	0.10
海南	0.02	0.01	0.01	0.01	0.02	0.02	0.01	0.01
重庆	0.10	0.12	0.09	0.07	0.13	0.10	0.10	0.10
四川	0.22	0.27	0.26	0.26	0.24	0.28	0.28	0.26
贵州	0.03	0.03	0.02	0.03	0.05	0.06	0.06	0.04
云南	0.04	0.06	0.06	0.05	0.07	0.09	0.09	0.07
陕西	0.23	0.25	0.22	0.24	0.25	0.26	0.24	0.24
甘肃	0.02	0.02	0.02	0.02	0.04	0.04	0.04	0.03
新疆	0.01	0.02	0.03	0.02	0.03	0.04	0.04	0.03

从协同增长效应 2007～2013 年区域均值上看，国家高新区协同增长效应呈现两极分化：0.76～0.89 区间内的广东、江苏、北京形成第一梯队，0.38～0.5 区间内的山东、上海、浙江形成第二梯队，而内需主导型的中部湖北以 0.28 均值位列其余省域首位，呈现较强协同增长能力。10 省域协同增长效应均值低于 0.1。国家高新区溢出效应标准差和变异系数，分别是协同增长效应的 2.3 倍和 4.8 倍，可见各省域溢出效应强弱空间区分度更高，受沿海内陆地理差异影响较大。

4.4.4 集聚关联模式分类

以国家高新区溢出效应和协同增长效应的中位数作为分界线，将 30 个省域国家高新区的集聚关联模式进行分类，如表 4-11 所示。高溢出高协同模式共 7 省域，国家高新区对高新技术产业的集聚关联性较强，不包括北京、天津，省域内国家高新区数量分布在 4～7 家；低溢出高协同模式共 7 省域，虽然广东、江苏、山东国家高新区数量都在 9 家以上，但对省域内高新技术产业集聚性并不高，溢出效应呈现负值；高溢出低协同模式共 8 省域，以内陆省域为主，相比高新技术产业，国家高新区对省域经济增长推动作用更明显；低溢出低协同模式共 8 省域，主要集中在西部偏远地区，国家高新区数量福建 5 家、新疆 3 家、云南 2 家，其余 5 省域都仅 1 家，国家高新区的提升带动作用难以充分发挥，同时高新技术产业发展相对较弱，较易形成国家高新区与高新技术产业的空间分异。

表 4－11　　　　　　　　　　国家高新区的集聚关联模式分类

各类型省域分布	协同增长效应 > 0.19	协同增长效应 < 0.19
溢出效应 > 0.07	北京、天津、辽宁、湖北、湖南、四川、陕西	河北、内蒙古、吉林、黑龙江、江西、广西、甘肃、宁夏
溢出效应 < 0.07	广东、上海、江苏、浙江、山东、安徽、河南	福建、海南、山西、重庆、贵州、云南、青海、新疆

在国家高新区资本密集型与研发密集型产业并重的背景下，基于国家高新区与高新技术产业的耦合性，从创新驱动、效益提升、社会贡献三维度选取 9 项指标，利用弗森伯格空间溢出模型和主成分方法，测度国家高新区对高新技术产业的区域溢出效应。分析表明 2007～2013 年国家高新区溢出效应呈现"V"型特征，与高新技术产业的协同增长效应呈现两极分化。各省域溢出效应拐点在金融危机后的 2009 年或 2010 年出现，随后呈现逐步上升趋势。四大板块国家高新区的溢出效应，沿东北—西部—中部—东部方向递减。国家高新区协同增长效应呈现明显的两极分化趋势。按溢出效应和协同增长效应强弱，将 30 个省域国家高新区的集聚关联模式分为高溢出高协同、高溢出低协同、低溢出高协同、低溢出低协同 4 类模式。将国家高新区按照省域空间范围分类比较，使研究能够动态反映新增国家高新区的空间特征及省域差异，克服新升级国家高新区省域数量变化引起的数据不连贯性，也避免了以往研究 56 个国家高新区的样本局限性。

金融危机后国家高新区数量逐年增加，对区域高新技术产业支撑作用不断增强的趋势下，为了更好地统筹各省域国家高新区与高新技术产业的协同发展，建议从以下3个方面着手：（1）通过依托国家高新区对高新技术产业的集聚优势，强化省域空间溢出效应，扩大国家高新区省域间辐射范围，推动与高新技术产业深层次融合。（2）结合国家高新区科技与产业并重的二元结构特点，完善国家高新区和区外高新技术产业的协同创新机制，弱化国家高新区协同增长效应的空间分异。（3）国家高新区平衡发展政策不应仅局限于高新区数量的提升，还应兼顾区域内国家高新区与高新技术产业增长结构的相似程度，为后续新增国家高新区的空间选择和省域均衡发展提供参考依据，避免国家高新区的区域趋同效应。不足之处在于仅仅考察了省域空间溢出效应，并未考察省域间空间差异的环境影响因素，以及省域空间相关性引致的趋同效应，将在后续研究中进行拓展研究。

第5章

国家大学科技园区域融合

5.1 ▶ 区域经济结构三力模型非均衡

城市转型涉及城市经济的发展模式、城市形态、城市能级、功能结构、空间结构、生态环境构成等方面，是城市发展进程及发展方向的重要转折，是城市发展道路及发展模式的再次调整。倪芝青等（倪芝青、林晔、楼菁华，2012）构建城市科技竞争力评价指标体系，测算我国15个副省级城市2006～2010年科技竞争力增长指数。岳晓燕和周军（2011）从系统协调度特征构建指标体系，利用信息熵得出15个副省级城市经济、社会和环境系统的协调度基本趋于中等。城市经济转型服务于城市经济规模化发展，但同时又受到城市经济活动要求集约使用土地空间的限制。城市经济规模化发展更多体现为以追求产量、规模和速度为目的，主要依靠生产要素的数量扩大和资金、物资、劳动力的投入实现经济增长，对各类资源消耗较大。而城市经济集约化发展主要依靠生产要素的合理组合和效率的提高而实现经济增长。规模化凸显的各城市经济发展差距内在原因仍是因为经济集约化失衡所导致。单纯经济规模化发展导向的城市经济发展路径，最终会因经济集约化限制而难以持续，而单纯经济集约化发展导向也会因为强调效率优先而弱化规模增长。因此，城市经济规模化与集约化发展的协调程度是城市经济竞争力的重要体现，两者相互促进，相互推动。鲜有学者从副省级城市角度分析城市经济结构内部相互关系。选取广州、深圳、杭州、成都、青岛、武汉、大连、南京、宁波、沈阳、济南、哈尔滨、长春、西安、厦门15个副省级城市作为研究对象，从城市经济结构集约化各组成要素的相对重要性角度出发，构建指标体系进行竞争力评价，为政府部门制定相关政策措施提供理论依据。

5.1.1　经济结构集约化的"三力模型"

（1）"三力模型"构建

"十一五"期间各城市GDP年均增速都进入快速上升时期，规模总量递增加速，城市经济总量短期内难以相互超越。在规模结构依赖总量调整，城市规模差距短期内难以缩小的同时，人均GDP、R&D经费支出占GDP比重等比例性指标则引导城市经济发展的长期趋势。从人均GDP指标看，"十一五"时期副省级城市人均GDP年均增速的平均值为14.44%，低于同期GDP 17.52%的年均增速。参照国内现有对城市群、产业和高新区竞争力的"三力"评价（张冀新，2012），将城市结构集约化影响因素也归结为"三力"。其中要素集聚力主要依赖于城市投资主体比重及人员结构比重，效率转换力主要体现在产业劳动生产率、综合能耗及万人专利申请授权量，效益提升力主要体现在GDP的效益比例和高新技术的比重两个方面。"三力"之间互为动态联动，只有达到某种均衡，才能实现城市经济结构集约化，由此形成了由内核到外延的城市经济结构集约化评价的"三力模型"，如图5-1所示。

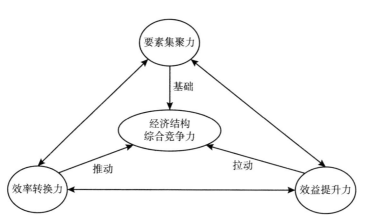

图 5 - 1　城市经济集约化的"三力模型"

（2）"三力模型"导向的指标体系构建

城市经济结构的调整和升级是经济增长的重要源泉，也是城市经济均衡发展的支撑。为能更全面地反映各副省级城市的经济结构优势，提高经济结构竞争力，从集聚要素、效率转换、效益提升三维度选取 20 项指标进行 15 个副省级城市"十一五"时期经济结构集约化比较，指标体系如表 5 - 1 所示。

表 5 - 1　　　　　　　副省级城市经济集约化指数的评价指标体系

一级指标	二级指标	三级指标		
		名称	单位	代码
城市经济集约化指数	要素集聚力（7 项）	固定资产投资率	%	X_1
		实际利用外资比率	%	X_2
		非国有经济投资比重	%	X_3
		R&D 经费占 GDP 比重	%	X_4
		每万人拥有专业技术人员数	%	X_5
		第三产业从业人员占全部从业人员的比重	%	X_6
		规模以上工业增加值占第二产业增加值比重	%	X_7

续表

一级指标	二级指标	三级指标		
		名称	单位	代码
城市经济集约化指数	效率转换力（6项）	规模工业增加值率	%	X_8
		单位GDP综合能耗	吨标准煤/万元	X_9
		第二产业劳动生产率	万元/人	X_{10}
		第三产业劳动生产率	万元/人	X_{11}
		每万人的专利申请量	件/万人	X_{12}
		每万人的专利授权量	件/万人	X_{13}
	效益提升力（7项）	人均GDP	万元/人	X_{14}
		进出口总额占GDP比重	%	X_{15}
		第三产业增加值占GDP比重	%	X_{16}
		技术市场合同成交额占GDP比重	%	X_{17}
		高新技术产品出口占出口总额的比重	%	X_{18}
		高新技术产业产值占工业总产值的比重	%	X_{19}
		规模以上工业利润总额占总产值的比重	%	X_{20}

（3）"十一五"时期副省级城市经济结构集约化发展的动态演进

根据表5-1建立的副省级城市经济结构集约化评价的三维度指标体系，以15个副省级城市2006年、2008年、2010年统计数据为基础，其中作为逆向指标的单位GDP综合能耗取其倒数代替原指标。按照相对偏差模糊矩阵法对原始数据进行处理，采用变异系数法确定各指标权重，得到"十一五"时期15个副省级城市经济结构集约化指数，如图5-2所示。可以看出，10个副省级城市的经济结构集约化指数呈现动态下降，表明城市间经济结构的异化趋势有所减弱。

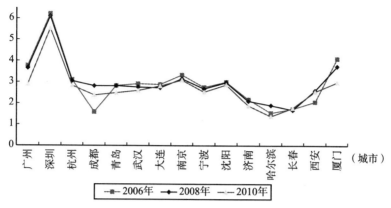

图 5 - 2　"十一五"期间副省级城市经济结构集约化的动态演进

　　副省级城市经济结构的"三力"排名与综合竞争力排名的异化波动情况如图 5 - 3 所示。大部分副省级城市经济结构中有两个力排名与综合竞争力波动方向和幅度几乎一致，出现了同步非均衡异化现象。只有成都和厦门两个城市的两个力排名与竞争力排名出现不同步现象，即效益提升力影响了综合竞争力的排名。从统计数据来看，共有 11 个副省级城市出现了经济结构中至少两个力的同步发展情况，占 15 个副省级城市的 73%，导致副省级城市整体上同步非均衡异化现象显现。青岛、宁波、沈阳、济南 4 个城市的"三力"波幅都在 10 以上，武汉和长春的"三力"波幅最小，只有 4。

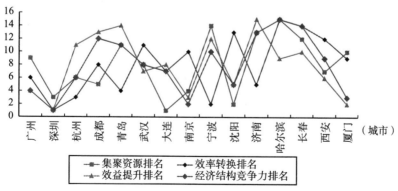

图 5 - 3　副省级城市经济结构"三力"与竞争力的波动情况

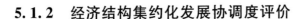

5.1.2 经济结构集约化发展协调度评价

（1）协调度评价模型的构建

设 x_1，x_2，x_3，$\cdots$，x_m 是反映城市经济规模化的 m 个指标，y_1，y_2，y_3，$\cdots$，y_n 是反映城市经济集约化的 n 个指标，$S(x)$ 与 $E(y)$ 分别表示城市经济规模化与集约化发展的综合水平，a_i 和 b_j 为各指标的权重，利用协调度（郭江江，戚巍，缪亚军，2012）的测算方法，则城市经济规模化与集约化发展协调度的测算公式为：

$$C = \left\{ \frac{S(x) \cdot E(y)}{\left[\dfrac{(S(x) + E(y))}{2} \right]^2} \right\}^k, \text{其中} \ S(x) = \sum_{i=1}^{m} a_i x_i, \ E(y) = \sum_{j=1}^{n} b_j y_j$$

$$(5-1)$$

公式（5-1）中 C 为协调度（$0 \leqslant C \leqslant 1$），$k$ 为调节系数（$k \geqslant 2$）。C 反映了城市经济规模化与集约化发展协调性的数量程度。C 越接近 1，说明城市经济规模化与集约化发展协调性越高；反之，协调性越低。协调度 C 仅反映了系统的协调程度，并不能反映出系统所处的发展水平，因此在此基础上将协调度与城市经济规模化、集约化发展水平的高低进行综合，进一步表明两者发展的协调度，用 C_D 表示发展协调度：
$$C_D = \sqrt{C \cdot (\alpha S(x) + \beta E(y))}, \quad \alpha, \ \beta \ \text{均为待定系数，且满足} \ \alpha + \beta = 1。$$

（2）城市经济规模化与集约化发展的协调度

若将 2010 年副省级城市经济集约化指数排序结果（张冀新，2013）与经济规模化指数排序结果进行对比可以发现，两者之间有一定的相关性，如图 5-4 所示。但个别城市经济规模化指数排名与经济集约化指数排名有较大差异，比如厦门经济规模化指数排第 15 位，但经济集约化指数却排第 3 位。

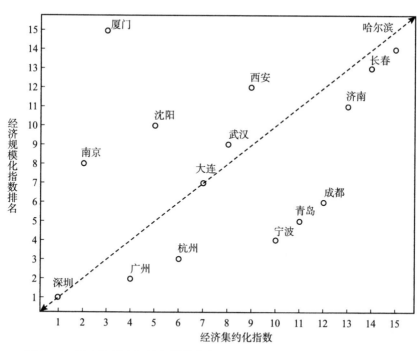

图 5 - 4 　 副省级城市经济规模化指数排名与经济集约化指数排名相关图

按照协调度公式，得出副省级城市经济规模化与集约化协调度和发展协调度的评价结果，如表 5 - 2 所示，协调度评价模型中 $k = 2$，$\alpha = \beta = 0.5$。从均值上看，15 个副省级城市中各有 6 个城市经济规模化和集约化指数高于平均值，规模化指数前 6 位城市为深圳、广州、杭州、宁波、成都、青岛，集约化指数前 6 位城市为深圳、南京、厦门、广州、沈阳、杭州。从衡量各个副省级城市指标波动性的标准差来看，规模化指数的标准差高于集约化指数，可见各副省级城市经济集约化的协同性和相似性要高于经济规模化。这也导致协调度 C 和发展协调度 C_D 的结果很大程度上受经济规模化指数影响，因此表 5 - 2 中副省级城市的发展协调度 C_D 排名与城市经济规模化指数排名一致。相比发展协调度 C_D 的排名结构，协调度 C 的排名结构中广州高于深圳、成都高于青岛。

相比而言，西部和东北地区的内向型经济城市的各项评价值都是最低的，经济集约化和规模化发展水平落后，两者协调效果也不佳。沿海地区外向型经济城市规模化发展水平均要好于其他地区城市，但经济集约化优势却并不明显。此外，经济规模化、集约化发展水平和协调度之间具有内部关联性，并与城市综合实力有一定的相关性。综合实力比较高的沿海地区经济规模化、集约化发展水平和协调度都相对优于其他地区城市。从15个副省级城市分属的11个省来看，发展协调度的前5位城市分别来自广东省、浙江省和山东省。广东省、浙江省整体发展更为均衡，4个城市发展协调度比较接近。而山东省和辽宁省的发展均衡性欠佳，沿海和内陆城市的地理差异是均衡性欠佳的主要原因。

表 5－2　　副省级城市经济规模化与集约化的发展协调度排名

排名	城市	$S(x)$	$E(y)$	C	C_D
1	深圳	3.530	5.529	0.905	2.025
2	广州	2.785	2.901	0.999	1.685
3	杭州	1.389	2.832	0.780	1.283
4	宁波	1.171	2.534	0.748	1.177
5	青岛	1.056	2.491	0.700	1.114
6	成都	1.029	2.382	0.710	1.101
7	大连	0.999	2.815	0.598	1.068
8	南京	0.997	3.088	0.545	1.055
9	武汉	0.826	2.601	0.536	0.958
10	沈阳	0.802	2.868	0.467	0.925
11	济南	0.240	1.876	0.162	0.414
12	西安	0.074	2.548	0.012	0.126
13	长春	0.042	1.772	0.008	0.087
14	哈尔滨	0.031	1.383	0.007	0.072
15	厦门	0.028	2.991	0.001	0.045
均值		1.000	2.707	0.479	0.876
标准差		1.003	0.919	0.351	0.607

5.1.3　创新持续驱动经济结构转型路径

（1）经济结构转型的路径模式

以城市经济结构综合竞争力评价的"三力模型"为基础，结合典型城市经济结构的"三力"结构特征，按照要素集聚、效率转换、效益提升三个力，可以形成城市经济结构转型和综合竞争力提升的 6 条路径，如图 5 - 5 所示。

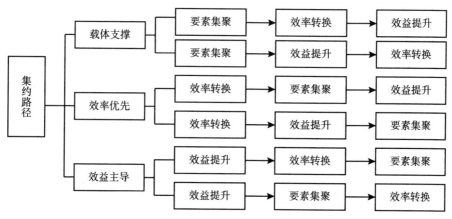

图 5 - 5　城市经济结构集约化提升的 6 条路径

（2）基于 K 均值聚类的路径选择

为了进一步揭示副省级城市经济结构的"三力"非均衡异化趋势，也为提升副省级城市经济结构的综合竞争力提供路径选择依据，选取经济结构的要素集聚力、效率转换力、效益提升力 3 个作为聚类分析变量。依据 2010 年副省级城市经济结构的"三力"数值，运用 K 均值聚类法，通过 SPSS19.0 软件对 15 个副省级城市经济结构进行类别划分。对"三力"数值运用混合高斯模型计算，可自动选择最佳聚类数目与聚点，经计算选择最佳聚类数目为 6 构成初始聚点集。同时结合典型城市的"三力"结构特征和经济结构转型路径模式，将各副省级城市经济结构转型路径进行分类，如表 5 - 3 所示。

表 5－3   15 个副省级城市经济结构竞争力的 K 均值聚类结果

聚类层	副省级城市
第一层　集聚—效率—效益的创新推动型	深圳
第二层　效益—集聚—效率的效益拉动型	广州、武汉、南京、沈阳、西安、厦门
第三层　效率—集聚—效益的中间突破型	杭州、青岛、宁波
第四层　集聚—效益—效率的投资引导型	成都、大连
第五层　效率—效益—集聚的自发增长型	济南
第六层　效益—效率—集聚的逆向推动型	哈尔滨、长春

（3）效益主导转向效率优先的武汉经济转型路径模式

根据协调度 C 和发展协调度 C_D 值的大小将副省级城市经济规模化与集约化的协调程度划分为 5 个等级，如表 5－4 所示。可见，尽管协调度 C 和发展协调度 C_D 的等级区间值不同，但最低和最高区间覆盖的城市基本一致，厦门、哈尔滨、长春、西安、济南都属于严重失调型，深圳属于高度协调型。大连、南京都属于初级协调型。其他城市类型划分则有所差异，武汉和沈阳在协调度 C 的等级区间属于初级协调型，但在发展协调度 C_D 的等级区间属于低度失调型，可见工业基础都较强的武汉和沈阳两个城市，城市经济规模化对经济集约化的提升带动作用并没有充分发挥，容易造成经济规模化与集约化发展的失调。

表 5－4   不同协调度等级对应的副省级城市分类

C 值	0～0.20	0.20～0.40	0.40～0.60	0.60～0.80	0.80～1.00
城市	厦门、哈尔滨、长春、西安、济南		大连、南京武汉、沈阳	杭州、宁波成都、青岛	广州、深圳
协调度等级	严重失调	低度失调	初级协调	中度协调	高度协调
C_D 值	0～0.5	0.5～1.0	1.0～1.5	1.5～2.0	2.0 以上
城市	厦门、哈尔滨、长春、西安、济南	武汉、沈阳	杭州、宁波青岛、成都大连、南京	广州	深圳

以 15 个副省级城市中协调度较低同时又具有典型内需经济特征的武汉为例，具体分析经济规模化与集约化的协调程度对城市经济转型模式的影响。从武汉经济规模化与集约化协调发展看，2010 年武汉经济规模化指数在副省级城市中居第 9 位，经济集约化指数排第 8 位，集约化竞争优势略高于规模化竞争优势，两者协调度和发展协调度都居第 9 位。在副省级城市发达区 8 个城市中，武汉整体优势只略高于沈阳。投资主导、效益优先的武汉经济发展路径，使武汉 GDP 持续累积的领先优势短期内并没有转化为结构优势，而武汉经济规模化和集约化的不均衡发展，会影响 GDP 长期快速增长，同时也会提高武汉经济结构性风险。因此基于经济规模化与集约化协调发展的武汉经济战略转型，就是在武汉科技创新和科教优势基础上，以创新持续驱动作为武汉经济发展稳定且强劲的增长引擎，依靠消费、投资、出口规模化协同拉动，要素集聚力、效率转换力、效益提升力的经济集约化协同推进，增强武汉产业发展的结构性竞争优势，推动经济规模化与集约化协调发展。

在区域经济差异化发展背景下，基于城市经济规模化与集约化发展的耦合性，构建要素集聚、效率转换、效益提升"三力"推动的城市经济结构集约化评价体系。采用相对偏差模糊矩阵法和均值聚类法对 15 个副省级城市"十一五"时期经济结构非均衡趋势进行实证分析，经济结构呈现出"三力"同步非均衡特征。同时利用协调度模型，对副省级城市经济规模化与集约化发展的协调程度进行分析。分析表明 15 个副省级城市经济规模化与集约化发展的协调程度存在显著差异，经济集约化失衡更为突出，因此创新持续驱动的战略转型对协调城市经济规模化与集约化发展具有重要意义。

5.2 ▶ 国家大学科技园区域融合度测度

国家大学科技园是区域创新体系的重要组成部分，是推动大学科技成果转化为现实生产力的有效孵化器、实现产学研结合的关键平台、高校服务社会的重要载体。2013 年 1 月 15 日科技部、教育部认定长春理工大学科技园等 9 家大学科技园为第 9 批国家大学科技园。从 2000 年国家启动建设的首批国家大学科技园，到 2013 年已有 94 个国家大学科技园通过认定。2011 年 8 月发布的《国家大学科技园"十二五"发展规划纲要》发展目标指出，2015 年全国大学科技园总数达到 200 家，国家大学科技园总数达到 100 家，在孵企业 8 000 家，大学科技园已经成为促进区域经济发展的重要力量（李德玲、纪友乐，2011）。国家大学科技园对区域创新的推动模式，主要体现在与高新区结合的双核驱动模式（李宇，2013），三方参与的跨区辐射（姚伟坤、姚凯、赵超，2013），区域创新的"四三结构"模式（邓恒进、胡树华、杨洁，2010）。国家大学科技园经营效率在整体上升的同时（崔歧恩、刘帅、钱士茹，2011），也出现了不均衡发展，而平衡计分卡为国家大学科技园全面发展提供了参考框架（李林，耿伶利，王永宁，2012）。

相比国家高新区的发展，国家大学科技园发展仍然存在着较多的功能障碍，区域经济融合优势的培育与提升需要引起足够的重视。国家大学科技园总数为 94 家，其中 91 家上报了 2012 年度统计数据。2012 年 91 个国家大学科技园孵化企业总收入为 206.7 亿元，对区域高新技术产业的推动作用较弱，低于 2004 至 2010 年的孵化规模，2012 年平均每个国家大学科技园孵化收入为 2.27 亿元。为进一步探究国家大学科技园与区域经济融合发展程度，从区域范围中心城市和政策制定灵活主动性两方面考虑，选取广州、深圳、杭州、成都、青岛、武汉、大连、南京、宁波、沈阳、济南、哈尔滨、长春、西安、厦门 15 个行政级别相同的副省级城市作为研究对象，通过构建国家大学科技园区域融合指数，测算区域融合程度，为不同城市的国家大学科技园差异化发展提供路径选择依据。

国家大学科技园的区域布局主要与高等院校区域布局紧密结合，94 个国家大学科技园分布在我国 24 个省区市。北京、上海、江苏三地高等院校分布最为集中，三地国家大学科技园数量占全国数量的 40%，呈现明显的集聚特征。从国家高新区与国家大学科技园的城市分布看，国家高新区一般一个城市只设立一个，但江苏常州拥有常州高新区和常州武进高新区两个国家高新区，因此 114 个国家高新区分布在我国 113 个城市。相比国家高新区对区域城市经济的多点带动作用，国家大学科技园分布更具集中性，94 个国家大学科技园中，北京、上海分别拥有 14 个和 13 个国家大学科技园，占全国总数量的 28%，呈现出明显的非均衡布局特征。国家大学科技园与国家高新区均为国家层面的创新载体，聚集从事高新技术产业活动的区域，两者联系密切、优势互补。但两者在城市基础、占地规模、用房类型、吸纳对象、产业关联等方面也存在着显著的区别，如表5－5 所示。因此，国家大学科技园对城市经济发展的促进作用不能定格于国家高新区范畴。

表 5－5　　　　　　　　　国家大学科技园与国家高新区比较

比较指标	国家大学科技园	国家高新区
城市基础	高等院校集聚	工业体系完整
分布城市	一个城市可以拥有多个	一个城市一般拥有一个
占地规模	占地面积较小，土地并非完全连片	占地面积较大，土地连片，远离居民区
用房类型	孵化、研发为主	高新技术企业用房为主
吸纳对象	高校优势智力资源孵化	战略性新兴优势产业
产业关联	高校优势学科产业化	相对独立的产业体系

5.2.1　融合结构指标体系构建

国家大学科技园城市经济融合过程的差异性主要源自城市经济强弱水平的参差不齐，并与大学科技园的发展相互影响，集中体现在资源集聚、园区互动、经济链接融合，这些影响因素最终影响两者融合结构。其中资源集聚融合主要依赖于城市和大学科技园的投资主体比重及人员结构比重，园区互动融合主要体现在国家大学科技园、国家高新区的互动融合及万人专利申请授权量，经济链接融合主要体现在大学科技园对 GDP 链接能力和高新技术效益比重两个方面。资源集聚融合力是提高国家大学科技园城市经济融合的基础，园区互动融合力是核心，经济链接融合力是比较能力，以资源集聚融合和园区互动融合为基础，体现国家大学科技园总体融合力。"三力"互为动态联动，形成由内核到外延的国家大学科技园区域融合结构，如图 5 - 6 所示。

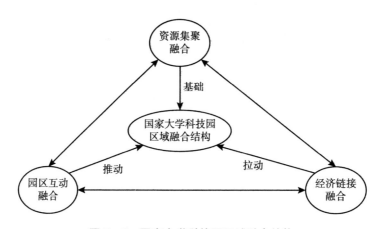

图 5 - 6　国家大学科技园区域融合结构

国家大学科技园区域融合过程既具有园区发展的动态性，又具有规模发展的非均衡性。国家大学科技园区域融合结构由资源集聚融合力、园区互动融合力、经济链接融合力 3 个重要评价维度构成，"三力"动态均衡提高，则可相互促进，整体推进，而其中任何一力不强，则可能降低国家大学科技园区域融合程度。国家大学科技园持续孵化是城市高技术产业增长的重要源泉，也是城市经济结构均衡发展的支撑。为能更全面反映 15 个副省级城市国家大学科技园的区域融合程度，提高大学科技园竞争力，从资源集聚、园区互动、经济链接三维度选取 20 项相对指标进行 15 个副省级城市国家大学科技园区域融合程度比较，为政府相关部门制定园区发展规划提供导向，指标体系如表 5 - 6 所示。

表 5 - 6　　　　　副省级城市国家大学科技园的区域融合程度评价指标体系

一级指标	二级指标	三级指标		
		名称	单位	代码
副省级城市国家大学科技园的区域融合程度	资源集聚力（7 项）	固定资产投资率	%	X_1
		实际利用外资比率	%	X_2
		孵化基金与大学园资金总额的比例	%	X_3
		R&D 经费占 GDP 比重	%	X_4
		每万人拥有专业技术人员数	%	X_5
		科技活动人员占在孵企业人员比重	%	X_6
		孵化用房面积占大学园总面积比重	%	X_7
	园区互动力（6 项）	在孵企业数与高新区企业数的比例	%	X_8
		在孵企业人员与高新区从业人员的比例	%	X_9
		在孵企业总收入与高新区总收入的比例	%	X_{10}
		在孵企业与高新区工业总产值的比例	%	X_{11}
		每万人的专利申请量	件/万人	X_{12}
		每万人的专利授权量	件/万人	X_{13}
	经济链接力（7 项）	人均 GDP	万元/人	X_{14}
		进出口总额占 GDP 比重	%	X_{15}
		在孵企业出口创汇与总收入比例	%	X_{16}
		技术市场合同成交额占 GDP 比重	%	X_{17}
		高新技术产品出口占出口总额的比重	%	X_{18}
		高新技术产业产值占工业总产值的比重	%	X_{19}
		在孵企业净利润占在孵企业总收入的比重	%	X_{20}

5.2.2　区域融合指数测算

　　根据表 5 -6 建立的副省级城市国家大学科技园区域融合力评价的三维度指标体系，以 15 个副省级城市 2012 年统计数据和 2013 年中国火炬统计年鉴数据为基础，按照相对偏差模糊矩阵法对原始数据进行处理，采用变异系数法确定各指标权重，运用 Matlab7.0 软件计算，得到 2012 年 15 个副省级城市国家大学科技园区域融合指数，如图 5 - 7 所示。深圳与厦门国家大学科技园未上报 2012 年度数据，为便于比较，以两地 2011 年与 2010 年的平均数据进行替代。孵化基金与大学园资金总额比例、在孵企业数与高新区企业数比例、进出口总额占 GDP 比重 3 项指标的变异系数大于 1，变异系数法确定的相应指标权重也较高，使副省级城市国家大学科技园的区域融合程度呈现出明显差异。深圳、南京、哈尔滨 3 个城市国家大学科技园的区域融合指数都高于 5，大学科技园与所在城市的经济融合优势明显。

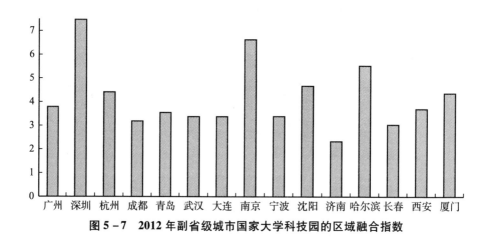

图 5 - 7　2012 年副省级城市国家大学科技园的区域融合指数

以 15 个副省级城市国家大学科技园 2012 年统计数据为基础，得到 15 个副省级城市资源集聚融合、园区互动融合、经济链接融合"三力"评价结果及区域融合指数排名，如表 5 - 7 所示。城市国家大学科技园与国家高新区的发展在副省级城市中并未呈现出较强的同步发展态势。深圳国家大学科技园区域融合指数以及两个分项指数都位居 15 个副省级城市首位。国家大学科技园区域融合指数在前 5 位的副省级城市只有深圳 GDP 也位居前列，其余 4 个城市 GDP 都低于副省级城市 GDP 的平均值。同时 GDP 排名在前列的副省级城市，大学科技园区域融合指数却在 10 位左右，可见国家大学科技园的区域融合程度与所在城市 GDP 并无明显关联性。从园区互动融合程度位居前两位的哈尔滨、南京两个城市分析，2012 年南京、哈尔滨国家高新区企业数量分别为 276 家和 310 家，位居 15 个副省级城市的第 14、第 13 位，但南京、哈尔滨的国家大学科技园在孵企业数量位居 15 个副省级城市的第 2、第 3 位，由此可见区域园区融合优势表现出与区域经济规模相反的变化趋势，GDP 较低的副省级城市大学科技园与高新区融合优势更为显著。

表 5 – 7　　　　2012 年副省级城市国家大学科技园区域融合指数与排名

副省级城市	资源集聚融合		园区互动融合		经济链接融合		区域融合指数	
	得分	排名	得分	排名	得分	排名	总分	排名
广州	1.658	5	0.907	13	1.226	6	3.79	7
深圳	2.748	1	2.008	3	2.712	1	7.47	1
杭州	1.605	6	1.988	4	0.818	12	4.41	5
成都	1.389	9	1.100	10	0.704	13	3.19	13
青岛	1.042	13	1.447	7	1.057	11	3.55	9
武汉	0.954	14	1.197	9	1.227	5	3.37	12
大连	1.736	3	0.560	14	1.086	10	3.38	11
南京	1.668	4	3.271	2	1.687	2	6.63	2
宁波	1.116	11	1.665	6	0.606	14	3.39	10
沈阳	1.970	2	1.362	8	1.339	4	4.67	4
济南	0.828	15	0.975	11	0.541	15	2.34	15
哈尔滨	1.132	10	3.275	1	1.119	9	5.53	3
长春	1.396	8	0.449	15	1.198	8	3.04	14
西安	1.541	7	0.938	12	1.220	7	3.70	8
厦门	1.050	12	1.874	5	1.440	3	4.36	6

5.3 ▶ 国家大学科技园区域融合路径选择

5.3.1 区域融合优势提升路径

以副省级城市国家大学科技园区域融合结构为基础，结合典型国家大学科技园区域融合结构特征，按照资源集聚融合力、园区互动融合力、经济链接融合力3个层面，可以形成国家大学科技园发展模式转型和区域融合度提升的3条路径，如图5-8所示。国家大学科技园区域融合程度差异既是"三力"非均衡的表现，也是不同路径导向的体现。只有在适合自身发展路径基础上，不断依次提升"三力"，才能最终提升国家大学科技园的区域融合程度，推动区域经济结构的持续转型。

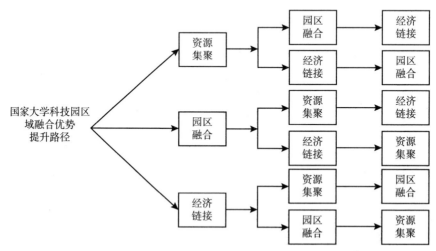

图5-8　国家大学科技园区域融合优势提升的3条路径

5.3.2　基于 K 均值聚类的路径选择

为了进一步揭示副省级城市国家大学科技园区域融合过程中的"三力"非均衡异化趋势，也为提升副省级城市国家大学科技园区域融合优势提供路径选择依据，选取区域融合过程中的资源集聚融合力、园区互动融合力、经济链接融合力"三力"作为聚类分析变量。由于待运算数据属于定距或定比尺度测量数据，因此依据 2012 年副省级城市国家大学科技园区域融合的"三力"数值，运用 K 均值聚类法，通过 SPSS19.0 软件对 15 个副省级城市国家大学科技园区域融合过程进行类别划分。K 均值聚类的核心思想是把 n 个向量 $x_j(1, 2, \cdots, n)$ 分为 c 个组 $G_i(i = 1, 2, \cdots, c)$，并求每组的聚类中心，使得非相似性（或距离）指标的目标函数达到最小。对"三力"数值运用混合高斯模型计算，可自动选择最佳聚类数目与聚点，经计算选择最佳聚类数目为 6 类，构成初始聚点集；同时结合典型城市国家大学科技园的融合结构特征和融合优势提升的路径模式，将各副省级城市国家大学科技园区域融合路径模式进行分类，如表 5 - 8 所示。

表 5 - 8　15 个副省级城市国家大学科技园区域融合程度的 K 均值聚类结果

聚类层		副省级城市
第一层	资源集聚—园区互动—经济链接的创新推动型	深圳
第二层	经济链接—资源集聚—园区互动的效益拉动型	广州、南京
第三层	园区互动—资源集聚—经济链接的集聚突破型	青岛、济南、哈尔滨、厦门
第四层	园区互动—经济链接—资源集聚的投资引导型	杭州、成都、大连、武汉、沈阳、西安
第五层	资源集聚—经济链接—园区互动的自发增长型	长春
第六层	经济链接—园区互动—资源集聚的逆向推动型	宁波

6 种不同路径模式对应了不同的副省级城市国家大学科技园的区域融合过程：从具体城市看，深圳全面发展的大学科技园创新推动型，宁波港

口资源对大学科技园的逆向推动型，长春内向经济导向的大学科技园自发增长型，属于一条路径对应一个城市；广州、南京科教资源优势建设的大学科技园效益拉动型，属于一条路径对应了两个城市。基于科教资源优势建设创新型城市的南京，不断探索由多家高校、科研院所共同参与的国家大学科技园一核多点的技术融合模式，形成技术融合驱动的多元集聚孵化模式。青岛、济南、哈尔滨、厦门大学科技园的集聚突破型，则是4个城市同属于一条路径；杭州、武汉、成都、大连、沈阳、西安6个城市分属不同的区域组合，但大学科技园区域融合结构更具相似性，都属于区域投资引导型。

2014年1月国务院批准9家省级高新区升级为国家高新区，2013年1月科技部与教育部认定9家大学科技园为第9批国家大学科技园，综合体现国家自主创新能力科技和经济活动特征的国家高新区与国家大学科技园总数已分别达到114家与94家，总共208家创新载体承担了支撑科技、产业、社会服务和区域创新发展的能力，并通过创新基础设施、创新主体、创新人才队伍和制度文化环境等方面来体现。国家高新区充分发挥自主创新重要基地的优势，促进自身发展并带动周边地区发展。相比国家高新区的区域经济带动作用，国家大学科技园则更多呈现出孵化主导、科技成果转化为主的区域高技术培育作用。

与此同时，国家大学科技园在我国的城市分布极化趋势则更加明显，北京、上海两地拥有占全国28%的国家大学科技园数量，4个直辖市和15个副省级城市共19个城市拥有了全国69%以上的国家大学科技园数量。鉴于国家大学科技园的非均衡布局特征，利用15个副省级城市的38个国家大学科技园统计数据，按照资源集聚、园区互动、经济链接融合3个维度，比较国家大学科技园的区域融合程度。结果表明我国15个副省级城市国家大学科技园区域融合结构，呈现出"三力"非均衡的结构特征；区域融合指数在不同城市间呈现明显差异性，但与城市经济规模并无正相关性，部分城市甚至呈负相关性。因此在各城市大力推动高新区建设的同时，国家大学科技园可以成为部分经济规模较低城市跨越发展的重要载体。相关城市通过推动技术融合驱动的多元集聚孵化模式，构建产业融合驱动的多链条互动优化模式，完善园区融合驱动的多点均衡链接模式，推动国家大学科技园与国家高新区的联动发展。

国家大学科技园是实现区域产学研结合的关键平台，但相比国家高新区，大学科技园的区域融合优势亟待增强。在国家大学科技园非均衡布局基础上，利用我国 15 个副省级城市的 38 个国家大学科技园数据，从资源集聚融合、园区互动融合、经济链接融合 3 方面，选取 20 项相对指标比较国家大学科技园的区域融合程度，并运用 K 均值聚类法，划分区域融合路径模式。结论表明不同城市间的国家大学科技园融合程度呈现出明显差异，融合结构呈现非均衡性。国家大学科技园的区域融合优势，与城市经济规模并无正相关性。通过提升国家大学科技园的区域融合优势，将加快推进区域创新资源聚集，推动区域经济结构的持续转型。因数据可得性，在指标体系设计中并未考虑国家大学科技园的累积贡献，只考虑在孵企业总体规模，同时只是分析了 15 个副省级城市国家大学科技园区域融合程度，没能从发展变化的角度进行动态分析，影响了结论的深度和意义，将在以后的研究中进一步探索。

参 考 文 献

［1］陈家祥. 国家高新区功能异化偏离的测定与评价 ［J］. 科技进步与对策, 2009（10）: 134 - 138.

［2］陈家祥. 中国高新园区功能创新研究 ［M］. 北京: 科学出版社, 2009, 10.

［3］陈章旺, 孙湘湘, 柯玉珍. 众创空间产业效率评价研究 ［J］. 福州大学学报（哲学社会科学版）, 2018（1）: 33 - 40.

［4］崔歧恩, 刘帅, 钱士茹. 我国大学科技园运行效率研究——基于 DEA 的实证分析 ［J］. 科技进步与对策, 2011（21）: 16 - 21.

［5］崔祥民, 田剑. 众创空间利益相关者协同度研究 ［J］. 科技进步与对策, 2018（5）.

［6］代帆. 世界高新技术产业开发区管理模式比较研究 ［J］. 科学学与科学技术管理, 2001（3）: 7173.

［7］邓恒进, 胡树华, 杨洁. 区域创新系统运行的 "四三结构" 模型解析——武汉东湖高新区国际通信专用通道建设分析 ［J］. 科学学与科学技术管理, 2009（11）: 83 - 87.

［8］方叶林, 黄震方, 涂玮. 基于地统计分析的安徽县域经济空间差异研究 ［J］. 经济地理, 2013（2）: 35 - 40.

［9］辜胜阻, 王敏. 国家创新示范区的功能定位与制度安排 ［J］. 中国科技论坛, 2011（9）: 92 - 97.

［10］辜胜阻, 王敏. 国家创新示范区的功能定位与制度安排 ［J］.

中国科技论坛，2011（9）：92 - 97.

[11] 郭江江，戚巍，缪亚军. 我国科技与经济社会发展协调度的测度研究 [J]. 中国科技论坛，2012（5）：123 - 129.

[12] 郭丕斌，周喜君，王其文. 高新区创新系统的层次性特征研究 [J]. 中国软科学，2011（5）.

[13] 韩伯棠，李强，朱美光等. 基于熵理论的高新区发展不均衡度评价 [J]. 科学学研究，2005，23（3）：342 - 346.

[14] 韩伯棠. 我国高新技术产业园区的现状及二次创业研究 [M]. 北京：北京理工大学出版社，2007.

[15] 韩莹. 众创空间中企业创业拼凑对创新绩效的影响研究 [J]. 科学学研究，2020，38（8）：1436 - 1443.

[16] 胡树华，解佳龙. 基于"三力模型"的国家高新区非均衡异化评价研究. 中国科技论坛，2011（7）：80 - 86.

[17] 黄春玲，余颖，黄卓. 国家高新区产出效率的实证研究 [J]. 科学学与科学技术管理，2005，26（2）：100 - 103.

[18] 黄钟仪，赵骅，许亚楠. 众创空间创新产出影响因素的协同作用研究——基于31个省市众创空间数据的模糊集定性比较分析 [J]. 科研管理，2020，41（5）：21 - 31.

[19] 贾天明，雷良海，王茂南. 众创空间生态系统：内涵、特点、结构及运行机制 [J]. 科技管理研究，2017，37（11）：8 - 14.

[20] 江峰. 国外科学工业园管理体制的比较 [J]. 经济纵横，2006（3）：23 - 25.

[21] 姜彩楼，曹杰，刘维树. 中国高新区效率变动及影响因素研究——基于面板数据（1997—2012年）的随机前沿分析 [J]. 经济体制改革，2014（6）：52 - 56.

[22] 姜彩楼，徐康宁，朱琴. 中国高新区绩效的时空演化及贸易溢出效应研究 [J]. 经济地理，2012（2）：14 - 19.

[23] 蒋长流. 我国高新科技园区发展中的政府规制行为研究 [J].

中国科技论坛，2008（1）：9-12.

[24] 解佳龙，胡树华. 国家自主创新示范区甄选体系设计与应用 [J]. 中国软科学，2013（8）：67-79.

[25] 李顾静. 科技企业孵化器与在孵企业协同度评价研究——以河北省国家级孵化系统为例 [J]. 科技管理研究，2015，35（22）：65-69.

[26] 李洪波，史欢. 基于 DEA 方法的国内众创空间运行效率评价 [J]. 华东经济管理，2019（12）：77-83.

[27] 李林，耿伶利，王永宁. 平衡计分卡在国家大学科技园发展绩效中的应用研究——以重庆大学科技园为例 [J]. 中国科技论坛，2012（12）：44-49.

[28] 李德玲，纪友乐. 国家大学科技园助推区域创新发展研究——以辽宁省国家大学科技园为例 [J]. 现代教育管理，2011（12）：30-32.

[29] 李荣. 基于三阶段 DEA 模型的国家大学科技园孵化效率研究 [J]. 科技管理研究，2019（6）：93-99.

[30] 李燕萍，陈武. 中国众创空间研究现状与展望 [J]. 中国科技论坛，2017（5）：12-18.

[31] 李燕萍，李洋. 科技企业孵化器与众创空间的空间特征及影响因素比较 [J]. 中国科技论坛，2018（8）：49-57.

[32] 李宇. 嵌入大学科技园的紧密型产学研结合机制及区域创新驱动模式研究 [J]. 科技进步与对策，2013（1）：5-10.

[33] 刘亮，吴笙. 众创空间集群与区域产业结构转型升级 [J]. 科研管理，2017，38（8）：19-26.

[34] 刘满凤，李圣宏. 基于三阶段 DEA 模型的我国高新技术开发区创新效率研究 [J]. 管理评论，2016，28（1）：42-52.

[35] 刘荣增. 我国高新技术产业开发区发展态势评价 [J]. 科技进步与对策，2002（11）：27-29.

[36] 刘彦平，钮康. 中国城市众创空间绩效影响因素研究——基于空间杜宾模型的分析 [J]. 城市发展研究，2020，27（9）：107-114.

［37］刘志迎，武琳．众创空间：理论溯源与研究视角［J］．科学学研究，2018，36（3）：569－576．

［38］吕冰洋，于永达．要素积累、效率提高还是技术进步？——经济增长的动力分析［J］．经济科学，2008（1）：16－27．

［39］罗登跃．三阶段DEA模型管理无效率估计注记［J］．统计研究，2012，29（4）：104－107．

［40］罗逾兰，张阳，唐震．"资源—能力—关系"视角下科技企业孵化器发展路径选择［J］．南京社会科学，2016（6）：149－156．

［41］马池顺，喻金田．基于创新资源系统的创新型城市成长机制研究［J］．管理现代化，2012（2）：53－55．

［42］马宗国，丁晨辉．"一带一路"倡议下区域高新技术产业协同创新研究［J］．经济体制改革，2019，214（1）：63－69．

［43］［美］迈克尔·波特，国家竞争优势中文版李明轩，邱如美译［M］．北京：华夏出版社，2002：23－25．

［44］倪芝青，林晔，楼菁华．中国副省级城市科技竞争力比较研究［J］．中国科技论坛，2012（7）：108－114．

［45］潘文卿，李子奈，刘强．中国产业间的技术溢出效应：基于35个工业部门的经验研究［J］．经济研究，2011（7）：18－29．

［46］潘文卿．中国的区域关联与经济增长的空间溢出效应［J］．经济研究，2012（1）：54－65．

［47］权进民，姚兰，史本山．基于DEA的国家级高新区可持续发展能力评价［J］．软科学，2008，22（1）：75－77．

［48］萨珀斯坦，罗斯．区域财富：世界九大高科技园区的经验［M］．北京：清华大学出版社，2003，9．

［49］沙德春，荆晶．中国国家大学科技园运行效率研究［J］．技术经济，2019，38（10）：88－94．

［50］沈能，周晶晶．基于两阶段共同边界DEA的国家大学科技园创新效率研究［J］．管理工程学报，2018（2）：188－195．

［51］时省，赵定涛，魏玖长．中国省会城市极化与扩散效应研究 ［J］．中国科技论坛，2012（4）：95－99．

［52］孙福全，王伟光，陈宝明．产学研合作创新：模式、机制与政策研究［M］．北京：中国农业科学技术出版社，2008，12．

［53］孙荣华，张建民．基于创业生态系统的众创空间研究：一个研究框架［J］．科技管理研究，2018（1）：244－249．

［54］汪群．众创空间创业生态系统的构建［J］．企业经济，2016（10）：5－9．

［55］王灏晨，夏国平．基于系统动力学的广西区域创新系统研究 ［J］．科学学与科学技术管理，2008，6：56－60．

［56］王胜光，程郁．国家高新区创新发展报告：二十年的评价与展望［M］．北京：中国经济出版社，2013：140－142．

［57］王松，胡树华．国家高新区强弱空间极化的演化分析［J］．科研管理，2012（3）：121－127．

［58］王松，胡树华．我国国家高新区马太效应研究——兼议国家自主创新示范区的空间布局［J］．中国软科学，2011（3）：97－105．

［59］王霞，王岩红，苏林，郭兵，王少伟．国家高新区产城融合度指标体系的构建及评价——基于因子分析及熵值法［J］．科学学与科学技术管理，2014，35（7）：79－88．

［60］王玉梅，姬璇，吴海西．基于三阶段 DEA 模型的创新效率评价研究——以节能环保上市公司为例［J］．技术经济与管理研究，2019（3）：25－30．

［61］卫武．黄苗苗．中国众创空间分布及其影响因素研究［J］．武汉大学学报（哲学社会科学版），2020，73（6）：114－124．

［62］翁莉，殷媛．长三角地区科技企业孵化器运行效率分析——以上海、杭州和南京为例［J］．科学学与科学技术管理，2016，37（3）：106－115．

［63］乌仕明，李正凤．孵化到众创：双创政策下科技企业孵化器的

转型 [J]. 科学学研究, 2019 (9): 1626 - 1631.

[64] 邬惠婷, 唐根年, 鲍宏雷. 中国"众创空间"分布与创客进驻偏向性选择研究 [J]. 科技与经济, 2017, 30 (2): 26 - 30.

[65] 吴开松, 颜慧超, 何科方. 科技中介组织在高新区创新网络中的作用 [J]. 科技进步与对策, 2007 (7): 67 - 68.

[66] 吴敏, 刘主军, 贾春钢. 基于系统动力学的四川省科技发展能力分析 [J]. 软科学, 2010 (7): 71 - 74.

[67] 向永胜, 古家军. 基于创业生态系统的新型众创空间构筑研究 [J]. 科技进步与对策, 2017, 34 (22): 20 - 24.

[68] 谢子远. 国家高新区集聚效应实证研究 [J]. 科研管理, 2014, 35 (5): 138 - 142.

[69] 徐陈生. 基于 DEA 我国高新区相对效率评价 [J]. 科技进步与对策, 2007, 24 (8): 117 - 119.

[70] 徐莉, 胡文彪, 张正午. 基于区域创新能力的众创空间运行效率评价——以我国 30 省份的众创空间为例 [J]. 科技管理研究, 2019 (17): 71 - 81.

[71] 闫俊周, 杨祎. 中国战略性新兴产业供给侧创新效率研究 [J]. 科研管理, 2019, 40 (4): 34 - 43.

[72] 颜振军, 侯寒. 中国各省份科技企业孵化器运行效率评价 [J]. 中国软科学, 2019, 339 (3): 141 - 147.

[73] 杨剑, 杨锋, 王树恩. 基于系统动力学的区域创新系统运行机制研究 [J]. 科学管理研究, 2010 (8): 1 - 5.

[74] 姚伟坤, 姚凯, 赵超. 大学科技园跨区辐射发展的三方模式研究 [J]. 科技进步与对策, 2013 (12): 43 - 46.

[75] 尹国俊, 蒋璐闻. 基于产权共享的众创空间资源聚合模式研究 [J]. 科学学研究, 2021, 39 (2): 356 - 364.

[76] 尹国俊, 倪瑛. 基于产权共享的众创空间运行绩效研究 [J]. 生产力研究, 2017 (12): 83 - 86.

[77] 余菲菲，钱超. 社群信息学视角下我国众创空间效应提升机制研究 [J]. 科技进步与对策，2017，34 (18)：14 – 20.

[78] 岳晓燕，周军. 城市经济、社会与环境系统协调发展研究——以 15 个副省级城市为例 [J]. 江淮论坛，2011 (5)：37 – 41.

[79] 曾莉，戚功琼. 众创空间知识产权服务体系发展现状与对策研究——以中关村国家自主创新示范区为例 [J]. 中国发明与专利，2017 (4)：13 – 17.

[80] 张丹宁，付小赟，易平涛. 沈阳市众创空间产业集群发展路径研究——基于运营效率测度 [J]. 东北大学学报（社会科学版），2017，19 (1)：34 – 40.

[81] 张冀新，王怡晖. 创新型产业集群中的战略性新兴产业技术效率 [J]. 科学学研究，2019 (8)：1385 – 1393.

[82] 张冀新. 城市群现代产业体系的评价体系构建及指数测算 [J]. 工业技术经济，2012，31 (9)：133 – 138.

[83] 张冀新. 国家高新区创新主体结构及运行机理研究 [J]. 经济体制改革，2013 (1)：93 – 97.

[84] 张冀新. 我国副省级城市经济规模化发展的非均衡演化分析 [J]. 经济体制改革，2013 (4)：38 – 42.

[85] 张静进，陈光华. 基于 DEA 模型的众创空间创新创业效率及投入冗余比较研究 [J]. 工业技术经济，2019 (9)：26 – 34.

[86] 张克俊. 国家高新区"二次创业"中政府作用及功能定位研究 [J]. 理论与改革，2011 (6)：66 – 70.

[87] 张省，顾新. 城市创新系统动力机制研究 [J]. 科技进步与对策，2012 (5)：35 – 39.

[88] 赵东霞，郭书男，周维. 国外大学科技园"官产学"协同创新模式比较研究——三螺旋理论的视角 [J]. 中国高教研究，2016 (11)：89 – 94.

[89] 赵黎明，李振华. 城市创新系统的动力学机制研究 [J]. 科学

学研究，2003（1）：97－100.

［90］Alessandro B. Networking system and innovation outputs：the role of science and technology parks［J］. International Journal of Business and Management，2011（5）：3－15.

［91］Caniels M. Knowledge Spillovers and Economic Growth：Regional Growth Differentials across Europe［M］. Cheltenham：Edward Elgar，2000：43－56.

［92］David Doloreux，Saeed Parto. Regional innovation systems：current discourse and unresolved issues［J］. Technology in Society，2005，27.

［93］Fingleton B. Spurious spatial regression：some Monte Carlo results with a spatial unit root and spatial cointegration［J］. Journal of Regional Science，2001（39）：1－19.

［94］Fried H O，Lovell C A K，Schmidit S S et al. Accounting for Environment Effects and Statistical Nosie in Data Envelopment Analysis［J］. Journal of Productivity Analysis，2002，17（1）：157－174.

［95］Fried H O，Yaisawarng S S S. Incorporating the operating environment into a nonparametric measure of technical efficiency［J］. Journal of Productivity Analysis，1999，12（3）：249－267.

［96］He J L，Gebhardt H. Space of creative industries：a case study of spatial characteristics of creative clusters in Shanghai.［J］. European Planning Studies，2014，22（11）：2351－2368.

［97］Ichak Adizes. Management/Mismanagement Styles. The Adizes Institute Publishing，2004：236.

［98］Islam N. Growth empirics：a panel data approach［J］. Quarterly Journal of Economics，1995，110（4）：1127－1170.

［99］James Mahoney. Path Dependence in Historical Sociology［J］. Theory and Society，2000（9）：507－548.

［100］Jondrow J，Lovell C A K，Materov I S et al. On the Estimation of

y

w

국가대학과기원: 창신모식여융합호동

Technical Inefficiency in the Stochastic Frontier Production Function Mode [J]. Journal of Econometrics, 1982, 19 (S2 – 3): 233 – 238.

[101] Lichtentaler E. Managing Technology Intelligence Processes in Situations of Radical Technological Change [J]. Technological Forecasting & Social Change, 2007, 74 (8): 1109 – 1136.

[102] Luc Soete. International Diffusion of Technology Industrial Development and Technological Leapfrogging [J]. World Development, 1985, 13 (3): 409 – 422.

[103] Mammadov J. Organization of technology park and its structure at high educational school of Azerbaijan [J]. European Research, 2011, 10 (13): 67 – 73.

[104] Montoro S A, Ortiz U M, Mora E M. Effects of knowledge spillovers on innovation and collaboration in science and technology parks [J]. Journal of Knowledge Management, 2011, 15 (6): 948 – 970.

[105] Myrdal G. Economic Theory and Underdeveloped Regions [M]. London: Gerald Duckworth & Co Ltd. , 1957.

[106] Olivier Crevoisier. Making connections: Technology learning and regional economic change [J]. Innovation and the city, in Edward J. Malecki and Paivi Oinas edited, Ashgate, 1998: 61 – 77.

[107] Rey S. US regional income convergence: a spatial econometric perspective [J]. Regional Studies, 1999, 33 (2): 143 – 156.

[108] Tann J. Growth of industry clusters and innovation: lessons from Beijing Zhong guan cun Science Park [J]. Journal of Business Venturing, 2006 (11): 827 – 850.

[109] Teece D, Pisano G, Shuen A. Dynamic Capabilities and Strategic Management [J]. Strategic Management Journal, 1997, 18 (7): 509 – 533.

[110] Verspagen B. A new empirical approach to catching up or falling behind [J]. Structural Change and Economic Dynamics, 1991 (2): 359 – 380.

［111］ Williamson, J G. Regional Inequality and the Process of National Development: A Description of the Patterns ［J］. Economic Development and Cultural Change, 1965, 13（1）: 3 – 45.

［112］ Ying L G. Understanding China's recent growth experience: a spatial econometric perspective ［J］. Annals of Regional Science, 2003（37）: 613 – 628.